Grill · Die Seelendimension des Yoga

HEINRICH HUGENDUBEL VERLAG
IRISIANA

Heinz Grill

Die Seelendimension des Yoga

Praktische Grundlagen
zu einer neuen Yoga-Übungsweise

Hugendubel

Seminare und Lehrerausbildung:
Yogaschule Heinz Grill
Marienberg 13
8091 Soyen

Die Deutsche Bibliothek — CIP-Einheitsaufnahme
Grill, Heinz: Die Seelendimension des Yoga
Praktische Grundlagen zu einer neuen Yoga-Übungsweise
4. völlig überarbeitete Auflage, München, Hugendubel, 1992
(Irisiana)
ISBN 3-88034-571-6

4. völlig überarbeitete Auflage des Titels *Yoga*, 1992
© Heinrich Hugendubel Verlag, München 1987

Umschlaggestaltung: Zembsch' Werkstatt, München
Produktion: Tillmann Roeder, München
Satz: Uhl + Massopust, Aalen
Druck und Bindung: Frühmorgen & Holzmann, München

ISBN 3-88034-571-6
Printed in Germany

Inhalt

Einführung

Der Autor dieses Buches, Heinz Grill, hat einen ganz neuen Yoga begründet, den Yoga aus der Reinheit der Seele. Er ist nicht vergleichbar mit den anderen bei uns praktizierten Yogaformen. Yoga stammt aus dem Osten, in seinen frühesten Formen aus dem alten Indien. Er ist entsprechend der seelisch-geistigen Entwicklung dieser Menschen entstanden. Der Yoga, den Heinz Grill begründet hat, entspricht dem westlichen Bewußtsein. Es werden zwar Asanas und Pranayama wie im klassischen Yoga praktiziert, aber ausgehend von einem ganz anderen Verstehen, einer ganz anderen inneren Haltung. So sind die Asanas weniger Körperübungen, als vielmehr Übungen der Seele.

Mit diesem Buch werden die Unterschiede zu den anderen bekannten Yogaformen deutlich. Die vielen Abbildungen dienen nicht in erster Linie der technischen Anleitung oder der Demonstration perfekter Stellungen, sondern sind zur stillen Betrachtung, zur meditativen Vertiefung gedacht.

Wer sich diesen Inhalten und Photos widmet, wird bemerken, daß darin weder eine Lebenslehre, noch eine Weltanschauung lebt, sondern eine neue Dimension des Lebens und Erlebens. Der Betrachter wird zu einer göttlich-geistigen Realität hingeführt. Tiefe Gelöstheit und Hingabe lassen jegliches persönliche Streben verschwinden, der Körper tritt ganz in den Hintergrund. Die Individualität geht im Universellen auf.

Heinz Grill gibt diesen neuen Yoga aus geistigen Inspirationen heraus, wie auch sein ganzes Leben aus dem Geiste inspiriert ist. Wenn er Asanas demonstriert, drückt sich die kosmische Kraft der Liebe und Hingabe in seinen Bewegungen aus. Menschen mit einem religiösen Empfinden, die zu Heinz Grill kommen, erfahren, wie ihr Leben neu gegründet wird, aber nicht im äußeren, sondern ganz tief im inneren Menschen.

Sigrid Königseder

Die vier Yogapfade

Mit diesem Buch, das durch meditative Bilder veranschaulicht wird, gebe ich Yoga auf neue Weise aus der unmittelbaren Quelle.

Ursprünglich ist Yoga im alten Indien, in einer längst vergangenen Kulturperiode der menschlichen Entwicklung entstanden. Das alte Indien war die erste Kulturperiode eines neuen historischen Zeitabschnitts. Der ehemalige Kontinent Atlantis war versunken, eine neue Entwicklung begann. Im alten Indien wurde Yoga als ein Versenkungs- und Einweihungsweg in die geistigen Welten praktiziert. Die Menschheit damals spürte eine große Sehnsucht, die noch als eine Erinnerung in den Seelen von Atlantis keimhaft vorhanden war. Sie wollte zurückkehren in die immerwährende Einheit der geistigen Welten. Die Evolution aber schritt auf ein materielles Bewußtsein zu. Die Menschen im alten Indien wurden sich als Erdenbürger in zunehmendem Maße bewußt und verloren damit die Einheit mit den geistigen Welten. Der Yoga war zu dieser Zeit die Methode, diese starke Sehnsucht nach Rückverbindung zu stillen und das entschwundene Bewußtsein der Geistigkeit, das den Menschen von Atlantis noch gegeben war, zurückzubringen.

Heute, in unserer gegenwärtigen Zeit, ist das Bewußtsein der Menschheit nicht mehr vergleichbar mit dem damaligen des alten Indiens. Tief stieg das Bewußtsein im Laufe von 6 000 Jahren in die Materie herab. So kennt heute jeder Mensch in unserer Gesellschaft das, was er mit den Augen wahrnimmt, dasjenige aber, das unsichtbar hinter dem Schleier verborgen liegt, jenes geistige Kräftewirken, kann nicht mehr wahrgenommen werden. Die Körper der Menschen sind fester geworden, sie sind nicht mehr durchlässig für feine Ströme und Energien.

Das Wort Yoga bedeutet Einswerdung durch Gotterkenntnis und Hingabe an Gott. Da die Menschen heute bewußtseinsmäßig sehr weit von dem Ursprung, aus dem alles Leben gekommen ist und in den alles Leben wieder einmünden wird, entfernt sind, kann der Yoga nicht ohne sehr sorgfältige und detaillierte Anleitung praktiziert werden. Durch eine langsame Einstimmung der Seele mit meditativen Übungen und

Inhalten, werden erste Erfahrungen gesammelt, die schließlich zu höherem Frieden und der grenzenlosen Freude des Geistes heranführen.

Insgesamt gibt es vier große Hauptpfade im Yoga. Der Raja Yoga ist der bekannteste Übungsweg, der zur Vollkommenheit in seelischer und geistiger Hinsicht führen soll. Weitere große Yogapfade sind im Westen unbekannt geblieben. Im Sanskrit wird der Yoga der Hingabe mit Bhakti Yoga bezeichnet. Yoga der Erkenntnis heißt Jnana-Yoga. Selbstloses Dienen ist ebenfalls eine Art geistiger Bestrebung und wird mit dem Begriff Karma-Yoga bezeichnet.

Bhakti-, Jnana- und Karma-Yoga sind auch die Wege des Westens. Nur werden sie nicht mit diesen Begriffen genannt. Bhakti-Yoga ist der Weg des Herzens, der hingebungsvollen Liebe zu Gott, die gleichzeitig auch die tiefe Nächstenliebe zu den Mitmenschen darstellt. Das Christentum ist der Ausdruck von Hingabe und Liebe. Die Evangelien mit ihren Gleichnissen und Bildern sprechen von der innersten Herzenswelt der Hingabe. Die Jünger des Jesus Christus verehrten Gott, indem sie seiner Person nachfolgten. Ihre Opferbereitschaft und Nachfolge in hingebungsvoller Gottesliebe führte manche von ihnen auf den Schicksalsweg des Märtyrertodes. Sie opferten ihr ganzes Leben dem Glauben und der Verkündigung der frohen Botschaft.

Jnana-Yoga ist Yoga der Erkenntnis. Dieser hohe Yoga beschäftigt sich mit der Frage: »Wer bin ich?« Widmet man sich den Gleichnissen und tiefen Worten der Evangelien, bemerkt man, wie die Seele in ihrer tiefsten Natur angesprochen wird. Die Wahrheiten des Lebens offenbaren sich nicht aus dem Intellekt, sondern wieder aus der tiefen Empfindungswelt des Herzens. Jnana bedeutet innerste Weisheit. Die Antwort zu der Frage: »Wer bin ich?« führt zu den höchsten Geheimnissen des Lebens und Universums.

Mit Hingabe und Erkenntnis ist gleichzeitig das selbstlose Dienen im Leben verbunden. Je tiefer das Herz in Gott, dem Ursprung allen Lebens, zu fühlen beginnt, desto unkomplizierter und selbstloser werden alle Taten und Arbeiten verrichtet. Die selbstlose Arbeit ist eine Basis zu der spirituellen Disziplin der Meditation und des Yogaübens. Arbeitet man im Leben um eines höheren Zieles willen, wird auch die Praxis des Yoga frei von persönlichem Verlangen und Leistungsstreben

sein. Das ganze Leben steht in innigster Verbindung mit der Übungspraxis. Die Übungen wirken auf das Leben, aber auch umgekehrt wirkt
das Leben mit seinen vielen Gesichtern wieder zurück auf die Übungspraxis.

Das Ziel des Lebens liegt nicht in der Anschaffung und Ansammlung
von Besitztum, es liegt auch nicht in der Bestrebung, ein Maximum an
Erfolg und Persönlichkeitsgefühl zu gewinnen. Dienen und Liebe führen zu Freude, die aus einer höheren Quelle gespendet wird. Wer im
Leben durch sein Verstehen einen höheren Sinn erkennt, wird frei von
Verhaftungen und Beschwerden. Die ganze Welt ist der Ausdruck einer
höheren Ordnung, die sich schöpferisch formend in allen Erscheinungen des Lebens offenbart und inspirierend auf das menschliche Wesen
wirkt. Der Yoga mit Körperübungen ist für den tiefsinnigen Schüler
eine Arbeit der liebevollen Hingabe.

Im Westen ist von den verschiedenen Richtungen, in die sich die große
indische Weltenlehre teilt, nur im wesentlichen der Raja-Yoga mit sei-
ner Untergliederung, dem Hatha-Yoga, bekannt geworden. Der Raja-
Yoga wird als königlicher Pfad der Yoga-Verwirklichung bezeichnet.
Hatha-Yoga ist die Methode mit Atem- und Körperübungen, um zu
mehr Stabilität und Energieausgleich zu finden. Die Silbe *Ha* bedeutet
Mond, die Silbe *Tha* Sonne. Zwei polare Gegensätze, die nach astrolo-
gischer Erkenntnis zwei große Kraftströme für den Körper und das
Seelenleben bezeichnen, werden mit Hilfe einer wohlabgestimmten
Übungsweise zu einem besseren Gleichgewichtszustand geführt.
Hatha-Yoga ist der allgemeine Übungsweg des Yoga, der im Westen auf
breite Weise praktiziert wird.

Da der Raja-Yoga in westlichen Kreisen sehr viel diskutiert wird, sei er
hier in aller Kürze aufgeführt.

Die ersten Stufen sind die ethischen Regeln (Yamas):

Ahimsa	–	Gewaltlosigkeit, nicht verletzen
Asteya	–	nicht stehlen
Sathya	–	Wahrhaftigkeit, nicht lügen
Brahmacharya	–	nicht begehren
Aparigraha	–	nicht horten

Die zweite Stufe der acht Glieder sind die Lebensregeln (Niyamas):

Saucha — Reinheit des Körpers
Santosha — Aufrichtigkeit
Tapas — Disziplin
Svadhyaya — Studium der Schriften
Isvara Pranidhana — Anbetung des persönlichen Ideals,
allgemein Verehrung

Die nächsten Stufen sind praktische Schritte zur Vorbereitung der höheren Glieder:

Asana — Stellung, Körperhaltung
Pranayama — Atem, Energiekontrolle
Pratyahara — Zurückziehen der Sinne von äußeren
Gegenständen
Dharana — Konzentrieren auf ein Objekt

Schließlich folgen die höchsten Stufen auf diesem Weg:

Dhyana — die Meditation, Einswerdung, Verschmelzen
mit einem Objekt
Samadhi — das Überbewußtsein

Dieser Stufenweg des Raja Yoga enstand durch den Weisen Patanjali etwa 200 Jahre vor Christus in Indien. Das östliche Bewußtsein jedoch ist anders als das westliche. Die Menschen in Indien sind weniger Willensmenschen als die Europäer. Sie benötigen deshalb einen sehr strengen und strukturierten Übungsweg. Für den westlichen Menschen ist dieser Weg aber ungeeignet, weil er nicht zur wärmenden Welt der Seele führt.

Dhyana ist das Sanskritwort für Meditation. Im Sinne der praktischen Erfahrung bedeutet Meditation, daß der Meditierende mit seinem Meditationsobjekt verschmilzt. Er vergißt sich selbst und lebt mit seiner ganzen Aufmerksamkeit in der Sache, auf die er sich konzentriert. Dies ist ein tiefer seelischer Zustand. Er ist nur möglich, wenn das ganze Leben in ethischer und moralischer Hinsicht geläutert ist, wenn die Begierden schweigen. Dieses Schweigen der Begierden erreicht der Mensch im Westen nicht, indem er immer mehr seine Willensnatur anstrengt, sondern indem er eine tiefe Herzenliebe zu seiner Umwelt, zu seinen Mitmenschen und seinen Tätigkeiten ausprägt.

Für den Westen sind die anderen Yogawege, verbunden mit praktischen Körperübungen, wichtiger als der Patanjali Pfad. Denn diese Yogawege sind nicht so sehr auf die Willensnatur ausgerichtet, sondern auf das Seelenleben. Denkt man über die Meditation nach, so wird man einmal feststellen, daß der Erfolg gar nicht so sehr vom pausenlosen Üben abhängt. sondern von der Art und Weise, wie man sich auf gebende Art zu den Mitmenschen und allgemein zum Leben in Beziehung bringt. Das Verschmelzen der eigenen Wahrnehmungswelt mit einem Objekt der Außenwelt entsteht durch höhere Gnade, die dem Menschen durch sein liebendes Verhalten zuteil wird. Er kann den Zustand der Meditation willentlich aber nicht erreichen.

Meditation ist ein rein seelischer Zustand. Seele ist Bewußtsein und je reiner sich dieses erlebt, desto tiefer wird das Fühlen der Meditation. Die Schranken der Trennung, die man normalerweise während des Tages zu den Objekten der Außenwelt spürt, fallen durch das wärmende Seelenlicht des innersten Herzens.

Wird ganz allgemein das Wissen gepflegt, daß alles was sichtbar ist und alle Erscheinungen des Lebens nur der Ausdruck einer unsichtbaren, göttlich-geistigen Kraft ist, so gelingt die Verwirklichung und Übungsweise des Yoga mühelos und leicht. Je stärker das Bewußtsein dieses Verstehen aufnimmt, desto klarer kann Zufriedenheit, Disziplin, Aufrichtigkeit, Reinheit der Gedanken und das Studium der Schriften ausgeführt werden.

Gerade mit der Disziplin kann sehr leicht ein Zwang für das Leben erwachsen. Disziplin ist große Kraft. Durch die Liebe zum Dasein wird Disziplin nicht zur zwanghaften Umzäunung, sondern zur Freude. Wer die göttlich-geistige Ordnung in allen Menschen, in allen Lebewesen, in der Natur und in der Erde sieht, der wird ohne jegliches Zögern, frei aus der Seele heraus, Gewaltlosigkeit (Ahimsa), Wahrhaftigkeit (Satya), Begierdefreiheit (Brahmacharya), Großzügigkeit und Sorglosigkeit leben können.

Yoga-Asanas und Atemübungen, die zum dritten und vierten Glied des Patanjali-Weges zu rechnen sind, werden durch höhere Erkenntnis und

Hingabebereitschaft veredelt. Asanas bieten einen leichten Einstieg zu ersten Erfahrungen über die Körper- und Seelendimension. Viele Menschen üben Asanas und empfinden große Freude, wenn die Beweglichkeit beständig wächst und die Erlebensfähigkeit dadurch angeregt wird. Das ganze Üben in seelisch-geistiger Hinsicht hat aber nur wirklichen Erfolg, wenn es mit einer aktiven Läuterung des Charakters verbunden wird. Erst durch die Reinheit im Denken, Fühlen und willentlichen Handeln erhebt sich die Seele.

Yoga-Asanas bieten auf herrliche Weise die Möglichkeit, Hingabe zu erleben und Erkenntnisse im Inneren zu finden. Erwacht die Seele, so erwacht auch die Ästhetik in den Asanas. Denn Ästhetik ist der Ausdruck der inneren Wirklichkeit, der Reinheit, der Unberührtheit. In den Formen der Berge, in den ruhenden Seen, in den Wäldern und Bäumen, in den Pflanzen, in den Blüten und Gräsern lebt Ästhetik. Gerade eine Blume drückt völlig unaufdringlich die ästhetische Form aus. Jeder, der Asanas übt, kann sich eine Blume als stilles Meditationsobjekt vorstellen. Denn eine Blume erwartet nichts vom Leben. Sie hat keine Begierde. So tut es gut, wenn der Yogaübende keinen Erfolg von seiner Asanapraxis erhofft. Das Bild einer Asana erinnert im Stillen an die Reinheit einer Blume. Unbefangenes und doch voll bewußtes Üben, mit Einsatzfreudigkeit und Sorgfalt, führt zu größerem Erfolg und angenehmer Entspannung.

Die herrliche Wahrheit ist, daß Vollkommenheit im köperlichen wie auch im individuellen Leben nicht möglich ist. Sie ist nur in Gott möglich und wird in Gott bleiben. Der Körper ist die äußerste Hülle des Menschen. Die Individualität ist ebenfalls nur die äußere Schicht, die sich aus Gedanken- und Gefühlsmustern bildet. Dieser äußere Mensch kann nicht verwirklicht werden, da er zur begrenzten Welt zählt und mit dem Tode stirbt. So dient dieser äußere Mensch mit seiner Körperlichkeit und mit seinen persönlichen Gedanken und Gefühlen der inneren Seelenentwicklung. In dieser verborgenen Welt des Seelenmenschen findet die eigentliche spirituelle Entwicklung statt. Wer ausdauernd Asanas übt, Widerstände im Körper aufgeben lernt und gleichzeitig mit stiller Aufmerksamkeit über das Leben nachsinnt, wird das Erwachen der höheren Seele durch Gnade erfahren. Die Hingabe zum Leben, zu den Übungen und zu einer höheren Geisteskraft öffnet die verschlossenen Tore. Das Verstehen aus dem Herzen ist der universelle Schlüssel für alle Türen. Der Weg zu einem neuen Yoga, bei dem nicht die Technik im Vordergrund steht, sondern das Seelenleben selbst, erfordert Mut und eine tiefe Wahrheitsliebe zum göttlichen Leben. So ist es notwendig, Glauben, Aufmerksamkeit und Liebe zu bewahren. Die Erfolge in Yoga reifen zuerst unter der sichtbaren Schwelle. Zur rechten Zeit aber fallen die Riegel der Dunkelheit und die edlen Früchte der Praxis offenbaren sich.

Die Bedeutung
des religiösen Bewußtseins

Leben ist gegeben. Niemand weiß, woher es gespendet wird, niemand kann es selbst geben. Religion bedeutet Rückbesinnung auf das Höhere, auf Gott, auf das Unsichtbare, auf das Kosmische, auf das Ewige.

Sechs große Weltreligionen entstanden aus der übersinnlichen Welt des Geistes und wurden durch Propheten auf die Erde gebracht. Das sind der Hinduismus, der Buddhismus, der Taoismus, das Judentum, das Christentum und der Islam. Yoga selbst aber ist keine Religion. Vielmehr kann Yoga als die Wissenschaft vom Leben bezeichnet werden. Diese Wissenschaft, die praktische und konkrete Gedanken zu Übungen und Meditationen gibt, beschäftigt sich mit der Entwicklung der menschlichen Seele zu kosmischem Bewußtsein, zur absoluten Einswerdung.

Das Ziel der Religionen ist ebenfalls das kosmische Bewußtsein. Dieses wird beim Christentum als die Ewige Realität, als das Christus-Bewußtsein oder die kosmische Liebe bezeichnet, im Hinduismus als Brahman, das Absolute, im Buddhismus als Nirwana, als die absolute Freiheit und Leere. Diese Begriffe beschreiben nicht ganz das gleiche, doch das Ziel liegt bei allen im überpersönlichen Gewahrwerden und Verwirklichen.

Die jeweilige Religion ist für die Bewohner des Landes wichtig und auch genau die richtige. Ein Inder, der mit dem Hinduismus aufgewachsen ist, wird durch das Gedankengut dieser Religion Wärme und Erfüllung spüren, ein Christ dagegen wird nur wenig mit den vielen Götterbildern der hinduistischen Mythologie anzufangen wissen. Ihm geben die Gleichnisse und Bilder der Evangelien einen Hauch von Empfindung und Liebe. Niemand sollte der Religion seines Landes ausweichen, denn schon seit Generationen liegen die Bilder und Gleichnisse, die Sprüche, Gebete und Geschichten, die auf die eigentlichen Geheimnisse des Lebens hindeuten, tief in den Menschenherzen verborgen.

Wer Yoga übt, der soll auch in den Heiligen Schriften lesen. Yoga ist kein Religionsersatz. Aus einem Christen wird durch die Yoga-Übungspraxis ein besserer Christ, aus einem Buddhisten ein besserer Buddhist. Yoga selbst lehnt sich an die großen Religionen an und führt mit einer konkreten Übungsweise zur Verwirklichung der von den Religionen gegebenen Ideale. Nun ist es keinesfalls sinnvoll, wenn sich ein Europäer den Götterbildern des Ostens hingibt. In unseren Ländern lebt eine tief verschüttete Sehnsucht nach dem Idealbild der Liebe, nach dem, was Christus verkörpert. Der Yoga benötigt die feine, übersinnliche Substanz der göttlich-geistigen Welt. Denn allein praktiziert, ohne die Anerkennung der kosmischen Liebe, die im Bilde des Christus entstand, käme es dem gleich, wenn ein Mensch den Weg in eine verlassene Wüste einschlagen würde.

Ein Mann schwimmt in einem riesigen See. Kein Ufer ist in Sicht. Endlos weit reicht das Wasser bis hin zum Horizont. Einmal ist der See stürmisch, mit meterhohen Wellen, dann flacht der Wellengang ab und das Wasser wird ruhig. Der Mann bewegt sich mit den Wellen lebhaft auf und nieder. Ganz alleine führt er seine unaufhörlichen Bewegungen aus. Keine Insel ist in Sicht, kein Ende. Er schwimmt und weiß, er darf nicht untergehen. Würde er die Bewegungen aufgeben, das Ende wäre alsbald da und die See würde ihn verschlingen.

Die allumfassende Liebe, die das Kernstück aller Religionen bildet, hilft dem Menschen, im weiten Meer zu schwimmen. Jeder Mensch ist ein Schwimmender. Das Leben ist von höheren Weisheitskräften geleitet. Eine große, unüberschaubare Aufgabe ist dem Menschen mit den Daseinsbedingungen auferlegt. Keine Insel ist in Sicht, kein Ende. Und doch weiß jeder insgeheim, daß er durch sein Leben eine wichtige Arbeit erfüllt. Höchste Freude, die unvergleichbar überwältigend ist, wird durch den Geist der Religion erfahrbar. Mit religiösem Fühlen im Herzen ist der Mensch ein anderer, als wenn das Herz leer, ohne glaubende Anerkennung wäre.

Die Stärkung der Lebenskräfte
durch Verstehen

Wer sich liebevoll einer Sache hinwendet, wird den Lohn der Liebe ernten. Wer viel gibt, wird viel erhalten. Dieses Gesetz lebt in den Bereichen der Seele. Das menschliche Herz sehnt sich nach Liebe. Nicht durch Nehmen, sondern Geben wird das Geheimnis des Seelenlebens offenbar.

Yoga-Asanas (Körperübungen) haben eine vielseitige Wirkung auf den Körper, wie auch auf das seelische Wohlbefinden. Der Körper ist mit der Seele sehr eng verbunden und deshalb beeinflußt die Körperarbeit unmittelbar das seelische Leben.

Prana ist der Begriff für die subtile Lebensenergie. Diese ist unsichtbar. In der westlichen Welt spricht man von elektromagnetischer Energie. Alle Organe und alle Glieder werden in jedem Augenblick von einem feinen Strom unsichtbarer Energie versorgt. Ist das Strömen im Körper harmonisch, so wird in der Regel auch Gesundheit und Ausgeglichenheit vorherrschen. Ein disharmonisches Strömen dagegen führt zu Kraftverlust und Krankheit.

Der Körper ist ein Abbild des Kosmos. Was in der Weite des großen Makrokosmos stattfindet, spielt sich auch im kleinen Mikrokosmos des menschlichen Leibes ab. Der Träger für alle kosmischen Einflüsse ist das Nervensystem. Dieses feine, vielverzweigte System führt die Vermittlungsaufgabe zwischen Kosmos und Materie, zwischen Unendlichkeit und Begrenzung, zwischen Geist und Körper aus.

Das Nervensystem hat sein Zentrum im Gehirn und Rückenmark. Viele Bahnen, die sich bis zu feinen Verästelungen in die Peripherie der Gliedmaßen erstrecken, vermitteln die motorischen und sensorischen Reize. Aussenden und Empfangen sind die beiden großen Aufgaben, die das Nervensystem umfaßt. Die Bewegungen des Körpers beruhen auf der nervösen Steuerung. Ohne die Nervenbahnen könnte der Mensch keine einzige Bewegung ausführen. Bewußtsein lebt durch die Nerven in den Gliedern und ermöglicht so die Bewegungen und Empfindungen. Die Nerven sind die Träger des Bewußtseins.

Mit Hilfe der zum Gehirn zurückführenden Nervenbahnen wird sich der Mensch der vielen verschiedenen Einflüsse aus der Umwelt bewußt. Umwelteinflüsse und kosmische Einflüsse werden von ihm empfangen. Das Nervensystem unterliegt der willentlichen Steuerung des gesunden Menschen. Jeder Gesunde kann Bewegungen ausführen und sich gleichzeitig auch empfangend für einen Eindruck öffnen.

Neben diesem dem Willen unterworfenen System besitzt der Mensch aber auch noch ein weiteres Nervensystem, das Vegetativum, das sogenannte autonome Nervensystem. Wie der Name sagt, funktioniert dieses System autonom, unabhängig vom eigenen Willen. Verschiedene Bahnen führen zu den inneren Organen und beeinflussen beispielsweise die Herztätigkeit, die Atmung und die Verdauungsarbeit. Die ganzen Vorgänge, die sich im Inneren der Organe abspielen, unterliegen nicht der menschlichen Willkür, sondern werden durch autonome Steuerungen in der glatten Muskulatur geleitet. Diese vielseitigen Vorgänge sind lebenswichtig. Ihre Steuerung wird von einem höheren Kräftewirken vollzogen, das mit einem geistigen Gesetz zusammenhängt. Das feine Anlagegut, das in den Organen als Informationen gespeichert ist, hat für die seelisch-geistige Entwicklung eine wesentliche Bedeutung.

Alle Impulse, die der autonomen Steuerung unterliegen, muß der Mensch in Ruhe lassen. Er darf durch Übungen nicht in diese vegetativen Prozesse eingreifen. Manche Menschen versuchen zum Beispiel den Herzrhythmus durch Konzentration zu verlangsamen. Alle diese vegetativen Impulse unterliegen aber einem kosmischen Rhythmus. Greift ein Mensch durch Übungen zu stark in diese Rhythmen ein, so schwächt er damit seine feinere Lebenskraft. Auch den Atemrhythmus soll der Mensch nicht zu sehr willentlich lenken.

Das erstgenannte, das Hauptnervensystem (zerebrospinales Nervensystem) dagegen steuert die Tätigkeit, welche die Beziehungen zur Umwelt regelt. Hier liegt ein großes Aufgabenfeld für den Yogaübenden. Dieses Nervensystem birgt alle Emotionen und willentlichen Impulse in sich. Sehr eng ist auch das Denken mit dem Nervensystem verknüpft. Ein freudiger Gedanke bewirkt sehr schnell Aufmunterung, ein trauriger Gedanke läßt das Kinn sinken, und die Augen zeigen sogleich den Kummer. Mit dem Nervensystem empfängt der Mensch die Wirkungen der Gedankenkräfte und Emotionen. Gleichzeitig aber gibt er durch Sprache, Gedankenarbeit und durch Bewegung seine Impulse an die Umwelt und die Mitmenschen weiter.

Yoga-Asanas beeinflussen je nach Art und Weise, wie sie ausgeführt werden, die eigene Denktätigkeit und die emotionale Wesensseite. Wer sehr nervös ist, bemerkt meist nach wenigen Asanas Ruhe und Stille. Wer träge und antriebslos ist, spürt durch die Ausführung der Stellungen eine Steigerung seiner Aktionskraft. Wichtig ist die bewußte, aufmerksame Hinwendung in den Asanas. Die Wirkung steigt, wenn die Übungen in der bewegungslosen Phase ausdauernd gehalten werden. Eine spürbare Aktivierung mit nachfolgender Regeneration entsteht.

Das Wort Asana bedeutet nach der wörtlichen Übersetzung: Stellung. Der Kopf, der Rücken, die Gliedmaßen und die Hände ruhen in stiller, bewegungsloser Haltung. Sogar die Augenlider bleiben unbewegt. In dieser Phase erfolgt ein meditatives Nachsinnen über den Körper und über die eigene Persönlichkeit. Während dieser ruhigen Phase werden verschiedene Energien, die vor allem im Rumpf und im Rücken strömen, wahrgenommen. Je länger sich der Übende den einzelnen Stellungen hingibt, desto tiefer werden seine Erfahrungen und Erkenntnisse. Der Körper zählt zu der vergänglichen, wandelbaren Welt. Er wird beim Halten der Asana als etwas wirklich Äußeres empfunden. Die Gefühle der Anspannung, die oftmals als leichte Schmerzen in den gedehnten Bereichen verspürt werden, sind an den Körper gebunden und ebenfalls vergänglich. Der Übende lernt Gelassenheit und Gleichmut gegenüber dieser körperlichen Welt. Er erfährt den stillen See der Seele im Inneren. Dieses stille Gewahrwerden entzündet den Funken eines inneren Feuers. Begeisterung und Freude flammen im Herzen auf. Die ganze Wärmekraft steigt. Mit dieser nimmt die Lebenskraft zu. Der Stoffwechsel blüht. Verstehen aus der Seele ist eine große Kraft, die die Vitalität steigert und das Nervensystem auf innige Weise verjüngt.

Unsere Zeit stellt eine große Anforderung an die Entwicklung der richtigen Aktivität im Leben. Viele Menschen haben ein sehr sensibles Nervenkostüm und leiden damit unter den hektischen Umwelteinflüssen. Wer sehnt sich nicht nach Ruhe und Geborgenheit? Niemand aber findet die Erfüllung in den äußeren Verhältnissen des Lebens, denn das Leben ist ein beständiges Wechselspiel von Ruhe zu Unruhe, von

Freude zu Leid, von Zuversicht zu Kummer, von Glück zu Unglück. Wer aber Yoga in seiner Tiefe erfahren und seine Seele zu einer höheren Dimension erheben möchte, der muß über den Wechselspielen des Lebens stehen. Die rechte innere Aktivität befreit von den dualen Gegensätzen des Lebens. Jeder ernsthafte Yogaschüler kann auf seinem Erfahrungsweg die hohe Gnade der Befreiung kennenlernen.

Der Körper, die Seele und der Geist bilden eine Einheit. Der Mensch trägt mit dem Körper die materielle Welt in sich, mit der Seele die Kräfte des Denkens, Fühlens und des Willens und mit dem Geist das ganze Universum. So ist der Geist das höchste Wesensglied des Menschen. Die Seele verbindet die außerirdische Welt des Geistes mit der irdischen Welt des Körpers. Sie nimmt an beiden Welten teil.

Das Denken nach materialistischen Grundsätzen gilt für den Körper. Für die verborgene Welt der Seele, die unbeschreibbar und für das Auge unsichtbar ist, gelten andere Gesetze. Gute Übungen allein reichen noch nicht aus, um Gesundheit und Frieden zu erhalten. Im Innersten ist Leben. Dieses Leben ist wichtiger und wer es bei sich selbst erkennt, wird mit jeder Übung tiefen Frieden und eine Steigerung des Wohlbefindens erfahren.

Verstehen, das Licht des Jnana Yoga, ist die große Kraft des Lebens. Dieses Licht ist es, das den Körper und die materielle Hülle überwindet. Verstehen entsteht, wenn der Geist als eine höhere, überpersönliche Kraft anerkannt wird. Wer sich mit Liebe den Asanas widmet, erntet Liebe. Er gibt und empfängt. Die Einheit von Körper, Seele und Geist ist immer gegeben. Trennung gibt es in Wirklichkeit nicht. Die reine Beziehung zu einer Übung ist die Kraft, die auf das eigene Leben zurückwirkt.

Die Bedeutung der Atmung

Die Atmung führt den Menschen. Aus dem Unendlichen des Universums strömt die Kraft, die im Rhythmus des Ein- und Ausatmens der ganzen Erde und allen Lebewesen Wachstum, Bewegung und Wandlung gibt. Die Atmung ist ein Weltenrhythmus. Sie zeigt sich direkt am Menschen durch die Bewegung der Atemmuskulatur. Das Zwerchfell ist hierbei der größte Atemmuskel. Dieser quergelagerte, kuppelförmige Muskel trennt die Lungen vom Bauchraum. Zwischen den Rippen ist die Muskulatur dehnfähig und ermöglicht die Bewegung am Brustkorb. Der Impuls, der die kommende Einatmung bewirkt, dehnt das Zwerchfell nach unten und den Brustkorb nach außen. Autonome Reflexe lösen die aktive Spannung und lassen die Muskulatur wieder in die Ausgangstellung zurückgleiten.

Die Atmung ist eine ständige Bewegung. Der Rhythmus ist autonom; das Zusammenwirken der Atemmuskulatur, des Zwerchfells und der Zwischenrippenmuskulatur geschieht reflektorisch. Aus dem Kosmos wird der Mensch durch unsichtbare Kräfte geführt. Er braucht sich nicht um das Zusammenwirken der Atemmuskulatur zu kümmern. Ein- und Ausatmung geschehen autonom. Die Atmung ist spürbar. Mit der Atmung ist ein größerer übergeordneter Rhythmus in Verbindung.

Jede Yoga-Asana ist gleichzeitig eine Atemübung. Durch die verschiedenen Körperstellungen, vor allem durch die wechselseitigen Beanspruchungen des Brustkorbes und Bauchraumes, wird die Atmung gelenkt. Manche Stellungen wie Pflug und Schulterstand führen unmittelbar zur tieferen Bauchatmung, andere wiederum, wie das Dreieck, zu einer freien Flankenatmung.

Die Bewegung der Atmung kommt von außen und fließt über die Nasengänge, Luftröhre und Bronchien hinein in die Lungen. Dort findet der Blutaustausch statt. Die roten Blutkörperchen nehmen den Sauerstoff auf und führen ihn auf dem Blutweg weiter in das Gewebe und die Organe.

Die Atmung ist Rhythmus. Auch das ganze Herz-Kreislaufsystem folgt einem Rhythmus. Das natürliche Verhältnis der Atemzüge zum Puls ist eins zu vier, d. h. auf vier Herzkontraktionen erfolgt ein Atemzug. Manche Menschen atmen jedoch schneller, manche langsamer. Dies ist durch die jeweilige physische und psychische Verfassung unterschiedlich.

Atmung ist eine Kraft und führt das ganze Leben. Das, was sich sichtbar beim Zusammenspiel der Atemmuskeln zeigt, setzt sich nach innen in unbewußte Tiefen fort. Der ganze Körper atmet, die Zellen atmen. Wie notwendig und lebenswichtig die Atmung für die Gesundheit und den Erhalt des Lebens ist, dessen wird man sich im gewöhnlichen Leben gar nicht recht bewußt. Atmen muß man jede Minute. Selbst eine hochstehende Persönlichkeit ist von der großen Wirkungskraft und Dimension des Atmens abhängig.

Bei allen Asanas wird die Atmung im Rhythmus frei zugelassen. Wie sich eine Blume den Bedingungen der Umwelt und dem Lichtwirken hingibt, so gibt sich der Übende dem kommenden und gehenden Atem hin. Er lenkt nicht selbst, sondern läßt sich leiten. Der autonome Rhythmus wird nur bewußt erlebt, er wird nicht verändert. Steigt die Konzentration, so ändert sich der ganze Atemrhythmus durch die Innerlichkeit. Auch wirkt die innere Anteilnahme auf die Qualität des Atemstromes. Anerkennung des größeren Rhythmus im ganzen Leben führt zu Hingabe, und diese läßt den Atem weich wie einen himmlischen Hauch werden.

Atemübungen werden im Yoga als Pranayama bezeichnet. *Prana* ist die subtile Lebenskraft. *Yama* bedeutet Kontrolle. Durch das Lenken der Atmung, durch Rhythmisieren des Ein- und Ausatmens, werden das vegetative Nervensystem und die Organe des Menschen intensiv beeinflußt. Vorübergehend entsteht auf Pranayama eine Steigerung des Konzentrationsvermögens. Auf Dauer wird das natürliche Zusammenwirken der ganzen Rhythmen im Körper und des weiteren auch in den feinstofflichen Wesensgliedern verändert. Die Auswirkungen von Pranayamaübungen sind sehr weitreichend. Sie erfordern genaueste Kenntnisse und ein gefestigtes Leben, damit die umsichgreifenden Auswirkungen nicht das Gegenteil im Leben hervorrufen. Auf die Anleitung von Pranayamaübungen wird deshalb in diesem Buch verzichtet.

Asanas aber beeinflussen die Atmung sanft, sie fördern die Tiefenatmung und Harmonie des Zusammenwirkens von Ein- und Ausatmung, sie befreien auf natürliche Art und Weise von Stockungen und Blockaden. Der Rhythmus bleibt im freien Fließen. Die achtsame und hingebunsvolle Art zum hohen Wesen des Atems, führt in den Übungen zu einem geordneten Empfinden. Auf sanfte Weise werden die Kräfte des Denkens, Fühlens und der Wille gereinigt.

Das Ziel des Yoga ist geistig, es liegt außerhalb der dualen Gegensätze. In Worten und Begriffen kann dieses Ziel nicht geschildert werden. Der Weg führt über die Erkenntnis zu völlig neuen Möglichkeiten und feinerer Wahrnehmung. Wird die unbegrenzte Natur des Geistes als eine völlig neue Erfahrung offenbar, so erfährt der Yogaübende, was Freiheit bedeutet. Der Körper bleibt Körper, der Atem fließt völlig frei. Er ist das Höhere.

Das freie Fließen der Atmung erwacht aus der Bescheidenheit der Seele. Die eigenen Vorstellungen und Denkmuster halten die Atmung auf unbewußte Weise fixiert. Ein- und Ausatmen sind die großen Gegensätze der Welt. Sie reichen hinein bis in die tiefsten Schichten des Körpers. Die Gegensätze des Lebens wirken auch im Gemüt durch Freude und Leid, durch Sympathie und Antipathie, durch Positives und Negatives, durch Ehre und Schande, durch Gerechtigkeit und Ungerechtigkeit. Freiheit besteht erst, wenn der Mensch durch seine Seele das Neue, das Höhere erkennt. Dann sind die Gegensätze des Lebens nicht mehr wichtig. Durch dieses Verstehen und gleichzeitiges Anerkennen fließt der Atem frei, tief und weit. Im Atem lebt Kraft. Nicht die Einatmung, nicht die Ausatmung ist Wahrheit. Beide Phasen wirken zusammen. So wirken auch die Gegensätze im Leben zusammen. Die Freiheit erwacht auf neue Weise, wenn der Übende diese hohen Erkenntnisse durch die Bescheidenheit seiner Seele selbst zu realisieren vermag. In der Hingabe kann er die Ein- und Ausatmung bewußt vergessen. Die Seele wird frei von den Gegensätzen des Lebens. Das Denken, Fühlen und der Wille erhalten die edle Leichtigkeit des kosmischen Lichtes.

Hingabe und Offenheit

Der Körper repräsentiert und symbolisiert die materielle Welt. Er ist sichtbar. Im Gegensatz dazu liegt die Welt der Seele im Unsichtbaren. Der Geist als höchstes Wesensglied beschreibt die grenzenlose, universelle Natur des Menschen.

Asanas bieten viele Möglichkeiten zur Bewußtseinserweiterung. Die Hingabe bezieht sich auf die sichtbare Erscheinung, auf den Körper. Nur das Gegebene und Greifbare kann hingegeben werden. Wird in der Übung nun der Köper dem Hier und Jetzt hingegeben, so wird er gleichzeitig überwunden. Die materielle Hülle, die normalerweise über die feineren Ebenen des Empfindungslebens dominiert, verliert an Schwere. Hingabe ist Hergeben. Mit der Hingabe des Körpers wird auch der große Rucksack der eigenen Wünsche und Denkvorstellungen abgelegt.

Jeder Mensch aber hat Angst vor Hingabe und Loslassen. Unbewußt halten Gemütskräfte den Köper fest. Dadurch entstehen viele Verhärtungen im Denken und Fühlen.

Die Bewegungen der Gliedmaßen und der Wirbelsäule sind wie die Töne der Musik. Sie steigen zur Höhe, halten aus und kehren zum Grundton wieder zurück, werden einmal lauter, einmal leiser, verstummen schließlich in den Pausen. Ganz unbewußt lebt jeder Mensch in seinem schon von Kinheit an erlernten Bewegungsspiel.

Eine Bewegung funktioniert durch das Zusammenwirken von verschiedenen Muskeln. Wird ein Arm oder Bein abgewinkelt, so muß eine Muskelpartie gedehnt, eine andere kontrahiert werden. Meist ist eine größere Anzahl von Muskeln beteiligt. Das Aufrichten und Beugen der Wirbelsäule erfordert ein sehr kompliziertes Ineinanderwirken der quergestreiften Skelettmuskeln. Die Muskeln sind willentlich durch die nervlichen Impulse beeinflußbar, jedoch müssen manche Bewegungsformen durch langwierige Arbeit erst erlernt werden. So sind Asanas, die eine bestimmte Bewegungsrichtung der Wirbelsäule beschreiben, oftmals recht schwierig oder gar unmöglich auszuführen, andere dagegen gelingen auf Anhieb.

Für manche Asanas kann eine lange Übungszeit notwendig sein. Wird der Körper beweglicher, so wird auch der ganze Mensch offener. Zeit und Geduld, Wiederholung der Asanas, innere Anteilnahme und Ausdauer führen zu erstaunlicher Beweglichkeit. Gerade, wenn innere Entschlossenheit und trotzdem Gelassenheit gegenüber dem Erfolgsdenken bestehen, kann manche Bewegungsform auch noch in älteren Jahren entwickelt werden.

Ein Muskelkater wird durch das rechte Verhältnis zum Üben weitgehend vermieden. Durch Hingabe und Loslassen kann niemals eine Übersäuerung im Gewebe und der Muskulatur entstehen. Auch bleiben Verletzungen, Überreizungen und feine Haarrisse in den beanspruchten Partien aus. Das Phänomen des Muskelkaters entsteht aber sogleich, wenn der Körper zu sehr in den Vordergrund rückt. Hat der Yogaübende das Ziel, mit den Asanas sehr viel an Kraft und Beweglichkeit zu erreichen, so wird er durch die Übungen sehr leicht in die Körperabhängigkeit geraten. Deshalb spürt er dann auch einen Muskelkater.

Ein Ziel der Asanas ist die Schulung der Unterscheidungsfähigkeit. Der Körper wird offener, durchlässig für feinere Ströme. Jede Asana beschreibt eine bestimmte Bereitschaft. Licht strahlt jede Minute auf den Menschen. Der Körper erhält fortwährend die Licht- und Wärmekraft der Sonne. Der Mensch ist mit dem Körper ein Erdenwesen und mit dem Geist ein Wesen des ganzen Sonnensystems. Die Seele ist das Bindeglied zwischen Erde und Sonne, zwischen Materie und Geist. Diese Unterscheidung rückt mit den Übungen langsam näher.

In den Asanas lebt der Ausdruck der Seele. Wird sich der Übende dem unendlichen Meer des Lebens bewußt, so wird er offen und kann seinen Körper der Asana hingeben. Das Licht strahlt auf sein Haupt und durchdringt ihn bis hinein in die einzelnen Zellen. Wie die Sonne Wärme und Vitalität spendet, so spürt der Übende durch seine Hingabebereitschaft bei den Asanas die Energie aus dem Kosmos. Eine schwerelose Kraft, die feinster Art ist, spendet Leichtigkeit und befreit die Seele aus den Bindungen des Körpers.

Ist das Denken angespannt, so wird auf unbewußte Weise auch die Schulterpartie verspannt. Die Spannung setzt sich auch in anderen Körperpartien fort. Die Muskulatur an der Wirbelsäule verhärtet sich. Die Beweglichkeit des ganzen Körpers leidet unter der Last des Denkens.

Je angespannter und härter das Denken ist, umso schwerwiegender wird der Körper krankmachend betroffen. Gelassenheit, Konzentration aus dem Herzen und Bescheidenheit als eine Seelenhaltung wirken sich lösend und befreiend auf das Denken aus. Dadurch löst sich auch eine angespannte Schulterpartie.

Wie eine große Sperrschranke trennt der Schultergürtel den Kopf vom Rumpf und den Gliedmaßen. Das Licht fällt nur in die tieferen Schichten der menschlichen Organisation, wenn das Denken gelassen und die Aufmerksamkeit wachsam bleibt. Bei fast allen Asanas kann auf den Schultergürtel geachtet werden. Bleibt dieser entspannt, ist das Bewußtsein für Weite und Konzentration offen.

Eine entschlossen ausgeführte Asana strahlt innere Heiterkeit aus. Der Körper wird nicht zur Größe gehoben, sondern hingegeben. Licht durchdringt den ganzen Menschen. Dieses Licht ist der feinste Bestandteil der Schöpfung. Mit der weisen Erkenntnis des Feinstofflichen wird der Körper gelöst. Die Grenze tritt hinter die Grenzenlosigkeit.

Die seelische Offenheit erfordert aber sehr tiefe Aufmerksamkeit und innere Aktivität. Wie ein Künstler eine feine Beobachtungsgabe für die Natur und das Leben benötigt, so entwickelt der Yogaübende einen inneren Sinn für Harmonie und Leichtigkeit. Er nimmt innerlich in jeder Phase der Übung Anteil. Das Bild eines Künstlers ist wertvoll, wenn Seele und Geisteskraft in ihm zum Ausdruck kommen. Die Asana wird zu einem tiefen Gebet und zu einer wahren Seelenübung, wenn der Übende durch die Bereitschaft des Loslassens und Anerkennung der Größe des Geistes seinen Körper hingibt. Das liebevolle, aus dem inneren Seelenlicht kommende Üben der Asanas führt zu immer weiter werdenden Bewußtseinsstufen.

Ein weites Bewußtsein schenkt einen natürlichen Körperbezug. Allgemein entsteht Beweglichkeit durch den Mut, subjektive Denkmuster und Glaubensvorstellungen loszulassen. Obwohl es zwar möglich ist, durch rein körperliches Training den Körper in allen Teilen beweglich zu erhalten, so entsteht die wirkliche Beweglichkeit erst durch die Offenheit der Seele für das Kosmische. Die Seele verjüngt sich; sie wird durch die Offenheit der eines Kindes gleich. Das Üben der Asanas führt dem Menschen ganz neue Kräfte zu. Obwohl der Übende mit seinem Körper der Erde verhaftet bleibt, wird seine ganze innere Erlebensfähigkeit immer stärker von den kosmischen Kräften durchdrungen. Das Innenleben wird reich. Durch wirkliche Hingabe, die zu einem hohen Maß an Beweglichkeit führt, gewinnt der Mensch sehr viel Empfindungskraft. Diese innere Kraft ist auch die seelische Stabilität und das Selbstvertrauen. Unbeschreiblich groß ist die innere Weite, die die Beweglichkeit und Stabilität spendet.

Unsere gegenwärtige Zeit arbeitet mit allen ihren Anforderungen und vorgegebenen Denkmustern gegen die Hingabe und Offenheit. Ein Aufhorchen in der Seele spendet das Wissen über das Ziel im Leben. Selbstverwirklichung wird möglich, wenn Selbstaufgabe und Selbstüberwindung vorangehen. Alle niederen Eigenschaften werden im Yoga der Hingabe aufgegeben. Das wahre Selbst des Menschen ist ein höheres und reines Leben. Es ist nicht Körper, ist weder ein Gefühl, noch ein Gedanke. Wird der Körper hingegeben und das eigene Denken und Fühlen nicht als absolut betrachtet, so kann das Neue in der Seele wachsen. Eine Asana zeigt Beweglichkeit, Offenheit, Stabilität und Leichtigkeit. Das Selbst erwacht aus dem Licht und der Wärme des Geistes.

Die Entwicklung der Konzentration bei den Asanas

Konzentration bedeutet Absonderung von allem Unnötigem. Im ganzen Leben und in der Natur findet ein fortwährendes Konzentrieren statt. Ein Getreidekorn keimt in der Erde und reift zur grünen Pflanze heran, welche schließlich in der Reifezeit gelblich wird. Die dünnen Blätter verkümmern, die ganze Kraft zentriert sich in die neue Saatbildung. Die neue Saat bleibt.

Konzentration ist der feine Loslöseprozeß der Seele vom Körper, bis diese in völliger Reinheit verbleibt. Die ersten Voraussetzungen, die zur Konzentration führen, sind innere Ruhe und Gelassenheit. Die Zeit mit Yogaübungen entspricht einer ganz bewußt gesteuerten Aktivität. Nichts anderes soll nebenhergehen. Im Hier und Jetzt gewinnt die Empfindung die geheimnisvolle Tiefe. Nur aus der Gegenwart, die unmittelbar im Bewußtsein als erhebende Kraft erfahrbar ist, entsteht die Ruhe im Denken. Sie ist in der Seele selbst spürbar. Konzentration erblüht aus der Mitte des Herzens.

Die Einkehr in die Seelenwelt benötigt etwas Zeit und Geduld. So soll niemand die Stille im Denken unmittelbar anstreben. Der Loslöseprozeß der Seele vom Körper geschieht durch sich selbst, er erfordert keine physische Anstrengung. Wenn eine neue Phase des Wahrnehmens in die Tiefe des Inneren eindringt, fällt es mühelos leicht, das Denken loszulassen.

Woher kommt das Denken? Was ist die Natur der Gedanken? Die Gedanken sind Wesenskräfte, die aus der Lichtwelt des Kosmos hereinleuchten. Ihre Natur ist wandelbar und vergänglich. Nur bestimmte Gedanken können durch das Nervensystem empfangen werden. Um Konzentration zu finden, bedarf es der Erkenntnis aus der Empfindung des Herzens. Die Gedanken wandeln sich, die Emotionen ebenso. Sie sind nicht bleibende Wahrheit.

Wie die Sonne am Morgen über den Horizont steigt, erwacht das Gedanken- und Gefühlsleben. Pausenlos gleiten Vorstellungen, Bilder,

Ideen, Wünsche, Gefühle, Launen und Erlebnisse an der Seele vorüber.

Wer Yoga übt, muß sich nun nicht den Zwang auferlegen, die aufwallenden Gedanken und Gefühle sofort zur Stille zu führen. Die Besinnung auf die Gegenwart ist vorteilhaft. Die ganzen Gedanken und Emotionen fließen als äußere Kräfte vorbei, die Seele aber bleibt stiller Zuschauer. Wenn die Gedanken und Gefühle nicht bestimmend und führend wirken, tritt Innerlichkeit und Stille ein.

Hilfreich zur rechten Einkehr nach innen ist eine ruhige und geordnete Umgebung. Das Zimmer, in dem Yoga-Asanas geübt werden, soll sauber, frei von Insekten und von der Einrichtung her harmonisch sein. Eine Kerze gibt eine angenehme, ins Lichthafte führende Atmosphäre. Gerade die ersten Minuten sollen sehr sorgfältig zur Besinnung auf die Gegenwart benützt werden. Mit der liebevollen Hinwendung zu den Asanas entsteht eine natürliche Liebe. Der treibende Strom der Gefühle und des Denkens versiegt. Die Yogastunde bereitet große Freude, wenn der Tag zurückbleibt. Die klare Entschlossenheit zur Ausführung gibt Erfüllung und die Kraft zu gesundem Einsatz.

Die Konzentration erfordert bei richtigem Verstehen keine Anstrengung. Alles Unnötige und Wesensfremde wird abgesondert, bis schließlich die reine Wesenkraft verbleibt. Die Hingabe bei den Asanas öffnet das Tor zu neuen Möglichkeiten.

Der Körper unterliegt der materiellen Welt. Er ist die Wohnstatt der Seele. Die feine Trennung der Seele vom Körper ist vergleichbar mit einem Bergsteiger, der einen schweren Rucksack von den Schultern gleiten läßt. Er stellt den Rucksack beiseite und fühlt sich somit für den weiteren Aufstieg von einer schweren Last befreit. Die Konzentration ist das Ablegen des Körperbewußtseins, das Enge und Begrenztheit darstellt. Fühlt sich die Seele frei vom Körper, ist sie für die hohe Welt des unbegrenzten Lebens offen.

Der Atem bewegt sich bei Gelöstheit im freien Rhythmus. Die Anstrengungen schwinden und der Körper mit seinen Gliedern fühlt sich sehr leicht an, fast schwerelos. Durch die Hingabe lösen sich die Spannungen in der Muskulatur und der Atem gewinnt an Tiefe, Sanftheit und Weite.

Die neu gewonnene Leichtigkeit führt gegenüber den äußeren Erscheinungen des Lebens zu großer Stärke und Stabilität. Viele Bilder und Gedanken ziehen während der Ausführung der Übungen an der Seele vorüber. Diese Gedanken, die wie Sterne am Himmelsgewölbe aufblitzen, sind nicht mehr störend, sondern wirken sogar schöpferisch und anregend. Das Bewußtsein identifiziert sich nicht mit ihnen, sondern ruht in der Mitte des Herzens.

Die weiteren Schritte der Konzentration geschehen durch die Vertiefung des Bewußtseins. Während der Übungen sind im Körper viele Spannungen als Folge der Dehnungen spürbar. Das Rückwärtsbeugen erfordert Offenheit, Mut und Bereitschaft; das Vorwärtsbeugen große Einsatzbereitschaft, Geduld und Selbstüberwindungsvermögen. Immer ist mit den Asanas ein Loslöseprozeß verbunden. Gedanken werden ebenso wie Gefühle hingegeben, der Körper wird der bewegungslosen Phase der Asana überlassen. Nur der Atem bleibt in fließendem Rhythmus.

Nun wird ein neuer Bewußtseinsinhalt notwendig. Durch die Ahnung von der unbegrenzten Weite, die hinter den Gedanken und Gefühlen lebt, wird der Körper auf ganz natürliche Weise beweglich und entspannt. Die Aufmerksamkeit wird nun auf die Bedeutung des Hörens gelenkt. Hören ist ein Sinnesvorgang auf der Ebene des Lichtwirkens.

Das Bewußtwerden ist eine unmittelbare seelische Aktivität. Das Hören unterliegt nicht den Gesetzen der Schwerkraft. Deshalb führt das Sinneserleben über die sichtbare, materielle Welt hinaus in ein unsichtbares, lichthaftes Gewahrwerden. Die ganze Wahrnehmung umhüllt wie ein feiner Schleier die Körperwelt, die immer weiter zurückzutreten beginnt. Der Sinn des Hörens lebt ganz im Licht, und dieses Licht ist aus dem Kosmos. Das Feinere überwindet das Gröbere, das Licht dringt in die Dunkelheit.

Diese Stufe der Konzentration ist ein Gewahrsein der höheren Ebenen. Sie kann anfangs nur phasenweise erlebt werden. Eine sorgfältige Ausrichtung mit tiefer innerer Anteilnahme ist hierfür unerläßlich. Die Wiederholung der Asanas läßt immer wieder neue Möglichkeiten des Loslassens entdecken. Ein körperfreies Erleben reift durch die ausdauernde Anteilnahme und bewußte Auseinandersetzung. Die gesamte Konzentration erwacht nicht durch angestrengtes Wollen, sondern durch die Seele im Inneren selbst. Schwerelos, wie eine Blüte, wächst sie zum Licht empor.

Konzentration ist das ruhige Meer ohne Wellen. Es ist tief und weit. Einer Seele, die in göttlichem Bewußtsein begründet ist, fließen die Kräfte für Gleichmut und Ruhe zu, und Konzentration erblüht aus der Mitte des Herzens. Die Seele verbindet sich immer stärker mit dem kosmischen, überpersönlichen Kräftewirken, das form- und namenlos ist. Die letzte Stufe, die erst nach vorhergegangener Selbstüberwindung und neu gewachsener Selbsterkenntnis stattfindet, ist die Schmerzerfahrung. Schmerz, der nicht durch Dehnung oder Spannung im Physischen entsteht, ergreift die Leiblichkeit. Der ganze Körper scheint daran zu zerbrechen. Gleichzeitig aber erwacht die Erfahrung von kosmischer Weite und innerer Erfüllung. Das Sichtbare schwindet, das Unsichtbare erhebt sich. Beide bestehen in Einheit. Die Innerlichkeit ist ohne Raum und Zeit. Glückseligkeit ist kein Gefühl und kein Gedanke. Sie erwacht aus dem neuen Erleben.

Diese Schmerzerfahrung tritt nach langen vorangehenden anderen Erfahrungen ein. Eine längere Vorbereitung ist notwendig. Die Wiederholung der Asanas gibt immer wieder neue Möglichkeiten und fördert die Bewußtheit. Die Hingabe ist Aktivität aus dem tiefen Seelenkern. Von außen kann die Konzentration nicht erzwungen werden. Ist das Leben angespannt, so wird jeglicher Erfolg zunichte. Die ganze Vertiefung in Yoga-Asanas ist wie das Wachsen eines Samens, der aus der Hingabe des reinen Herzens hervorsprießt, zur Pflanze und Blüte gedeiht und schließlich Früchte auf stille Weise durch innere Bescheidenheit und Anerkennung des kosmischen Lebens erhält.

Der Beginn der Praxis

Der Aufwand für die Übungen ist gering. Eine weiche Decke oder eine Matte als Unterlage und leichte, bequeme Baumwollkleidung genügen.

Normalerweise werden Yoga-Asanas in einem Raum ausgeführt. An warmen Tagen ist es aber auch möglich, auf ebenen Flächen im Freien zu üben. Meiden sie jedoch starke Sonneneinstrahlung oder Wind.

Asanas sollten nicht in Verbindung mit Musik praktiziert werden, auch nicht mit Meditationsmusik. Denn die Musik führt zu sehr in eine träumende Welt. Im Idealfall ist die Aufmerksamkeit ganz auf die Sensibilität des Augenblicks, der durch Konzentration offen wird, gerichtet.

Nicht immer bieten die Wohnverhältnisse eine stille Atmosphäre. Das Leben in den Städten und Dörfern ist unruhig und laut. Lassen Sie sich nicht zu sehr durch äußeren Lärm und anderweitige Unruhefaktoren von Ihrer Übungspraxis abhalten. Manche störenden Einflüsse können durch innere Gelassenheit gut angenommen werden.

Für den Anfänger eignet sich als Übungszeit der Nachmittag oder der frühe Abend am besten. Der Körper ist zu dieser Tageszeit beweglicher als am Morgen. Grundsätzlich kann der Zeitpunkt zum Üben frei gewählt werden. Nur das Üben am späten Abend ist wegen der belebenden Wirkung nicht mehr anzuraten. Auch sollten nach Mahlzeiten ein bis drei Stunden Pause vergehen.

Praktizieren Sie möglichst regelmäßig. Dadurch wird der Körper an die verschiedenen Dehn- und Spannungsverhältnisse gewöhnt. Gerade während der ersten Monate zeigt sich eine angenehme Regeneration in den Geweben und Organen. Die Zellen atmen neue Energie ein, der Kreislauf wird auf sanfte Weise angeregt, die Sekretabsonderungen in den Drüsen harmonieren und die Stoffwechselprozesse finden Ausgleich. Die verschiedenen Körperbereiche und -systeme erfahren eine umfassende Heilwirkung. Dennoch sind die Übungen nicht als ein Rezept zum Erreichen von Gesundheit und Wohlbefinden zu verstehen.

Sie sind Bewußtseinsübungen und sollten auch als solche praktiziert werden.

In unserer westlichen Konsumkultur wird normalerweise eine Sache solange praktiziert, wie man Vorteile durch sie erhält. Verspricht die Arbeit keinen Gewinn mehr zu erbringen, so läßt man sie sein. Deshalb beginnen so viele Menschen mit Meditations-, Atem- und Bewegungs-übungen, lassen aber bei der ersten Schwierigkeit ihre Aktivität sein und widmen sich wieder anderen Interessen. Wer aber in der Kunst der Asanas wirklichen Gewinn für die eigene Seele und die damit verbun-dene geistige Entwicklung haben möchte, darf sich nicht durch äußere Erfolge oder subjektive Gefühle von der Regelmäßigkeit des Übens abhalten lassen. Nehmen Sie sich möglichst für jeden Tag eine kurze Übungsreihe vor. Ist Ihnen das tägliche Üben nicht möglich, so ist es gut, jeden zweiten oder wenigstens jeden dritten Tag eine dafür längere Reihe zu praktizieren. Regelmäßigkeit und eine klare Entschlossenheit sind wichtige Voraussetzungen, um allgemein im Leben erfolgreich zu sein. Gerade durch die Regelmäßigkeit des Übens bringen Sie Rhyth-mus und Ordnung in das persönliche Leben.

Die Asanas werden immer in einer bestimmten Reihenfolge ausge-führt. Zuerst erfolgt eine kurze Entspannung, in der die Hast des Tages weicht, dann als dynamische Übung das Sonnengebet, schließliche die Asanas nach der folgenden Einteilung: Umkehrhaltungen, Vorwärts-beugen, Rüchwärtsbeugen, Drehungen, Gleichgewichtsstellungen und Dreieck. Die Reihenfolge wird mit der Zeit zur Gewohnheit, und der Körper stellt sich auf die verschiedenen Bewegungen ein.

Jede Asana bewirkt ein bestimmtes Fließen von feinstofflicher Lebens-energie. Wie Wasser von einem höheren zu einem niedrigeren Niveau fließt, so bewegt sich bei einer Asana der Strom des Prana (Lebensener-gie) durch die Glieder und Organe. Jede Stellung bereitet auf die näch-ste vor. So führt beispielsweise das liegende Dreieck zu einer sehr ange-nehmen Freisetzung der Atmung. Der Bogen folgt auf das Dreieck und führt die freie Atmung in ein Erleben der Weite. Lebendig schwingt die Wahrnehmung im Strömen von Atmung und Lebensenergie. Die ganze Aufmerksamkeit ist normalerweise nur auf die spürbare Welt des Kör-pers gerichtet. Erfolgt aber tiefere Hingabe, so öffnet sich das Bewußt-sein und nimmt feinere, übersinnliche Ebenen wahr.

Üben Sie unbedingt entschlossen und einsatzfreudig. Nehmen Sie sich Ziele vor, lassen Sie aber diese nicht um des Erfolges willen zum Zwang werden. Wirkliches einsatzfreudiges Üben von innen heraus gibt im Nachhinein ein sehr angenehmes, entspanntes Gefühl. Das Nervensystem wird durch die richtige Aktivität belebt und gleichzeitig regeneriert. Dagegen führt leistungsorientiertes Üben zu Reiz- und Unruhezuständen. Durch Aufmerksamkeit und Anteilnahme, durch Bereitschaft und Hingabe weicht der vom Verstand auferlegte Erfolgszwang und eine innere Kraftfülle entsteht.

Jegliche Kraft, die erfüllend und aufbauend wirkt, kommt von einer höheren Welt, aus einer rein geistigen Hierarchie. Durch Erfolgsstreben im Persönlichen wird um die höhere Sphäre ein Schatten aufgebaut und dadurch wirken Asanas ohne Hingabe einengend auf die Seele oder schwächend auf den Körper.

Lesen Sie möglichst regelmäßig die verschiedenen Inhalte in den einzelnen Übungen. Denken Sie auch über die Bedeutung von Hingabe und Selbstlosigkeit nach. Eine rein körperbezogene Übungspraxis ist auf die Dauer zu einseitig. Lesen und Praktizieren sollten sich die Waage halten. Die Fortschritte werden durch die Arbeit des Bewußtseins umso schneller.

Die Haltezeiten der Asanas können variabel bleiben. Mit einiger Disziplin lassen sich die Haltezeiten, wie sie im einzelnen angegeben sind, bewältigen. Die stillstehende Phase ist bei den Asanas am wichtigsten. Je länger die Asanas gehalten werden, desto intensiver werden die Wirkungen. So sollten die Haltezeiten bewußt vorgenommen und mit der Zeit voll eingehalten werden.

Zwischen den einzelnen Asanas sind kurze Entspannungspausen günstig. Für eine halbe bis maximal zwei Minuten wird die Rückenlage eingenommen. Diese Zwischenentspannungen sind zum einen eine Regenerationsphase für den Körper, zum anderen eine stille Bewußtseinspause. Am Ende der Übungsreihe erfolgt schließlich eine längere Entspannung, die zur Sammlung der mentalen Kräfte und Zentrierung der Lebensenergie dient.

Üben Sie Asanas nicht bei fieberhaften Erkrankungen. Bei Rückenproblemen empfiehlt es sich, einen Arzt zu konsultieren.

Die Entspannungslage
Shavasana

Entspannung bedeutet Loslassen bei bestehender Wachheit. Wie schwierig wirklich bewußtes Loslassen ist, mag das folgende kleine Beispiel verdeutlichen:

Ein Bergsteiger hängt in einer steilen Wand. Sein Körper ist ganz nahe an den Felsen gepreßt; schwer geht der Atem, das Gesicht liegt unmittelbar am Felsen. Ein falscher Schritt kann für ihn schwerwiegende Folgen haben. So kämpft er, zieht mit den Armen, arbeitet in höchster Anspannung. Was brächte den Bergsteiger in dieser Lage weiter? Lehnt er sich mit dem Kopf etwas zurück, dann weitet sich sein Blickfeld, er gewinnt so Überblick, sieht Griffe und Tritte, den weiteren Weg. Solange das Gesicht zu nahe an der Wand ist, hat der Bergsteiger Angst und verkrampft sich.

In unserer Zeit sind viele Menschen wie der Bergsteiger. Der Weitblick ist durch die vielen Denkmuster und die Sorgen des Alltags und der Zeit versperrt. Angst und Spannung regieren das Gemüt.

Entspannung erfordert Bereitschaft zum Loslassen. Der erste Schritt besteht darin, die Sinne von äußeren Objekten zurückzuziehen. Solange Sinne und Denken durch die Unruhe des eigenen Begehrens und durch die Hast des täglichen Lebens auf verschiedene Wunschbilder gerichtet sind, ist keine Entspannung möglich. Man hält am Äußeren fest.

Die Entspannungsübung ist eine Besinnungspause, in die der Körper mit all seinen Gliedern einbezogen wird.

Setzen Sie sich mit angezogenen Beinen auf eine Decke und stützen Sie sich nach hinten auf die Ellbogen auf. Am unteren Ende der Wirbelsäule ist als großer Knochen das Kreuzbein spürbar. Richten Sie das Kreuzbein in der Mitte auf die Unterlage und gleiten Sie dann Wirbel für Wirbel nach hinten zurück, bis schließlich der Hinterkopf am Boden aufliegt. Mit der Wirbelsäule sollten Sie in gerader Linie ausgerichtet sein. Gleiten Sie mit den Fersen auf der Decke entlang nach unten, bis die Beine gestreckt sind und die Füße schwerelos nach außen fallen. Der Abstand zwischen den Füßen beträgt etwa 30 cm.

Die Handflächen liegen locker nach oben neben dem Körper. Um die Lage der Schulterblätter und Schultergelenke besser zu richten, können in einer kurzen Bewegung die Finger die Schultern noch einmal berühren. Die Ellbogen bleiben dabei am Boden. Legen Sie dann die Hände wieder zurück und richten Sie die Handflächen nach oben. Achten Sie noch einmal auf die Symmetrie. Der Kopf sollte nicht seitlich abweichen. Die symmetrische Lage bewirkt ein feines Empfinden des Wachseins.

Dies ist die Stellung Shavasana. Sie wird auch Totenlage genannt. Nachdem der Körper ruhig liegt, wird die Aufmerksamkeit auf das Denken gelenkt. Gleiten Sie gedanklich von den Beinen über die Hüften, den Rücken und die Schultern entlang nach oben. Entspannen Sie systematisch durch mentale Aufmerksamkeit die verschiedenen Körperpartien: Knöchel, Waden, Kniegelenke, Oberschenkel, Gesäß, unteren und mittleren Rücken, Bauch, Brustkorb, oberen Rücken, Schultern, Arme, Hände, Finger, Hals, den Nacken und das Gesicht. Achten Sie auch auf die Kaumuskulatur, auf die Stirn und die Schläfen.

Strengen Sie das Denken nicht an, bleiben Sie aber unbedingt bei klarem, gegenwärtigem Bewußtsein. Die Entspannung ist eine bewußte Aktivität von innen. Die Wahrnehmung streift über die Körperpartien. Nehmen Sie aber das eigene Denken gelassen. Denn sobald Sie sich anstrengen, verspannt sich auch die Haut des Körpers und die Einkehr in die wärmende Seite der Seele bleibt verschlossen.

Entspannung erfordert Aktivität und Bereitschaft zum Loslassen des eigenen Erreichenwollens. Beobachten Sie still und ruhig von innen her. Versuchen Sie nicht, ein Ergebnis zu erzielen, bleiben Sie aber beständig wach.

Die Entspannung des Denkens führt zu neuer Offenheit. Der Körper liegt unbewegt. Am Ende einer Übungsreihe empfiehlt es sich, für 5 bis 15 Minuten zu entspannen. Länger als 15 Minuten sollte die Entspannungslage nicht dauern. Entspannung führt zur Verfeinerung des Willens, zum Loslassen von Gedanken und Gefühlen. Die wiederholte Ausführung der Entspannung öffnet und vertieft die Sinnesempfindungen und führt zu innerer Erkenntnis. Der Unterschied zwischen den feineren Empfindungen der Seele und den äußeren Gefühlen, treibenden Emotionen und Leidenschaften, wird immer deutlicher spürbar.

Wie der Bergsteiger sein Gesicht einfach vom Felsen zurückneigt, damit er einen freien Überblick gewinnt, so ist auch die Entspannung ein feines Zurückweichen aus dem äußeren Gedanken- und Wunschleben. Das Ergebnis muß nicht sofort erfolgreich sein. Allmählich offenbart sich eine neue Empfindung aus der unsichtbaren Welt der Seele, wenn die Wünsche, die Gedanken und der Körper wiederholt den stillen Pausen hingegeben werden.

Wird die Entspannung als eine bewußte seelische Aktivität verstanden, so entwickelt sich auf dieser Grundlage über die Zeit hinweg eine Haltung, die Spannungen gar nicht mehr aufkommen läßt.

Die Sitzhaltung

Der Lotus
Padmasana

Der Lotus ist die klassische Meditationshaltung der Orientalen. Im Westen ist diese Sitzhaltung sehr ungewöhnlich und bereitet den meisten Menschen außerordentliche Schwierigkeiten. Dennoch ist diese Stellung auch für den westlichen Menschen empfehlenswert.

Der Lotus beschreibt das Bild einer Blüte. Die Fußsohlen sind auf ganz ungewöhnliche Art nach oben dem Licht zugewandt. Die Hände sind ineinandergelegt oder ruhen mit offenen Handflächen auf den Knien. Der ganze Körper symbolisiert Empfangsbereitschaft. Bewegungslos und unaufdringlich fügt sich der im Lotus Sitzende in den Kosmos ein.

Eine Blüte wendet sich dem Licht zu, still und bescheiden in ihrer Gestalt. Im Lotus ruht der Übende stabil auf dem Boden. Er ruht in offener, ungezwungener, fester Haltung. Ein tiefer Ausdruck lebt in diesem Bild. Wahrhaftigkeit bedeutet zu wissen und zu fühlen, daß alles was an den Körper gebunden ist, eine Erscheinung des Lebens darstellt. Der Körper vergeht, er wandelt sich ohnehin während des Daseins in seiner Form. Nach dem Tode wird er zu Staub. Der Geist aber bleibt, nur die Materie vergeht. Wer sich dieses Geschehens bewußt wird und sich somit dem Leben als größerem Geschenk dankbar hingibt, löst viele Spannungen in seiner Persönlichkeit auf.

Körperlich betrachtet hängt die Fähigkeit, die Kniegelenke auf den Boden zu bringen und dabei die Schienbeine übereinanderzulegen, von der Beweglichkeit der Hüftgelenke ab. Diese Gelenke sind von breiter Muskulatur umhüllt und können nur sehr langsam mobilisiert werden. Wiederholtes Üben ist erforderlich. Wird die Stellung möglich, so kann sie in Verbindung mit vielen Asanas kombiniert werden. Das Hüftgelenk ist das größte Gelenk. Wird es beweglicher, so schenkt dies dem ganzen Körper Leichtigkeit und Flexibilität.

Manche Menschen besitzen von ihrer Anlage her ein sehr bewegliches Hüftgelenk. Die Ausführung des halben oder sogar ganzen Lotus ist ihnen sehr bald möglich. Gewöhnlich aber bereitet schon der halbe Lotus große Schwierigkeiten. Verwenden Sie als Hilfsmittel ein festes Kissen, damit das Gesäß höher liegt und die Knie nach vorne kippen. Beginnen Sie die Ausführung mit Innerlichkeit, denn diese entspricht auch der mentalen Haltung.

Winkeln Sie ein Bein flach auf dem Boden an und legen Sie den anderen Fuß in die Leistenbeuge. Langsames behutsames Vorgehen ist empfehlenswert, damit die Bänder an den Kniegelenken und Knöcheln nicht überdehnt werden.

Der ganze Lotus ist sehr schwierig. Ziehen Sie ein Bein heran und legen Sie den Fuß in die Leistenbeuge, ziehen Sie dann das andere Bein in Kreuzesform direkt darüber.

Ist der Lotus in halber oder ganzer Ausführung möglich, so steigern Sie die Haltezeiten. Dadurch wird die Stellung zur Gewohnheit. Sie ist die günstigste Sitzposition für Besinnungs- und Konzentrationspausen.

Es hat aber wenig Sinn, den Lotus durch eine ausschließlich auf den Körper bezogene Übungsweise zu erzwingen. Man wird sich nur verletzen. Tief soll die Seele mit dem Wissen der Wahrhaftigkeit genährt werden, dann löst sich mit parallel einhergehender Übungsweise die Spannung in den Hüftgelenken. Dieses Gelenk steht in Verbindung mit dem Willensleben und der Wille ist das tiefste Seelengeheimnis des Wesens Mensch.

Die umgekehrten Asanas

Die beiden wichtigsten Grundstellungen in umgekehrter Körperhaltung sind Kopfstand und Schulterstand. Von den Grundstellungen lassen sich viele verschiedene Variationen ableiten. Da diese durchwegs höhere Anforderungen an Beweglichkeit und Stabilität stellen, sollte immer zuerst die Grundstellung erlernt und auch für einige Minuten gehalten werden. Gerade der Kopfstand und der Schulterstand sind Asanas, die sich für längere Haltezeiten gut eignen. Diese beiden Stellungen empfehlen sich vor allem zu Beginn einer Übungsreihe; sie lassen sich aber auch einzeln, unabhängig von einer Reihe, praktizieren.

Der Kopfstand
Sirshasana

Der Kopfstand ist der Vater der Asanas. Die Ausführung erfordert Konzentration, Ausdauer im Üben und Mut. Der Vater symbolisiert die Eigenschaften der Verantwortung, der Strenge, des Pflichtbewußtseins, des logischen Denkens und der Liebe zu Gerechtigkeit. Diese Asana ist eine ausgesprochen stabilisierende Übung für das Leben. Sinnt man der Bedeutung des Kopfstands nach, wird so manche Ahnung geboren, wie seelische Stabilität und Vertrauen mit den „väterlichen" Eigenschaften zusammenhängen. Der Kopfstand führt zu Frische und Klarheit im Denken.

Die Ausgangslage ist der Fersensitz. Als erstes wird mit den Unterarmen und Händen ein Dreieck geformt. Legen Sie dazu die Unterarme parallel nebeneinander, die Ellenbogen in Schulterbreite und greifen Sie mit den Fingern fest ineinander. Setzen Sie den Kopf direkt mit dem Scheitel auf den Boden, und halten Sie den Hinterkopf stabil in den Handflächen. So unterstützen die Hände den Hinterkopf, während das Gewicht des Körpers dem auf dem Boden ruhenden Scheitel überlassen wird. Nun können Sie den Rumpf nach oben aufrichten, bis das Gesäß vertikal über dem Kopf ist.

Für das folgende Hochheben der Beine kann anfangs leicht Schwung genommen werden. Es erscheint aber besser, die Beine ganz nahe heranzuziehen und langsam, mit angewinkelten Knien hochzugehen. Dieser Schritt erfordert Übung. Wie ein Kind beim Laufenlernen oftmals hinfällt, so werden Sie beim Kopfstand anfangs häufig umfallen.

Der Kopfstand erfordert Konzentration. Gehen Sie ganz klar und entschlossen an die Ausführung heran. Durch die Wiederholung finden Sie eine bessere Spannungsverteilung. So gelingt es Ihnen, den Körper immer müheloser, durch eine innere Dynamik, hochzurichten. Die Stellung ruht im Lot. Die Arme dienen der Balance.

Üben Sie den Kopfstand nicht bei hohem Blutdruck, Entzündungen im Kopf, bei Augen- und Ohrenkrankheiten. Bei Problemen mit der Halswirbelsäule sollte ein Arzt gefragt werden.

Die Zeitdauer des Kopfstands wird langsam verlängert. Anfangs genügt eine halbe Minute. Bei günstiger Spannungsverteilung und bei gesunder Halswirbelsäule kann der Kopfstand bis zu zehn Minuten und sogar darüber hinaus gehalten werden.

Der Körper richtet sich beim Kopfstand aus der Mitte des Rumpfes durch eine innere Dynamik auf, die sich bis in die Oberschenkel fortsetzt. Das Sonnengeflecht, das wichtigste vegetative Nervengeflecht, befreit sich von Anstauungen.

Die Endstellung ist die Stellung des Kindes. Nach kontrollierter Rückkehr aus dem Kopfstand legen Sie die Stirn vor den Knien auf den Boden und die Arme nach hinten, mit den Handflächen nach oben. Verweilen Sie so für einige Atemzüge zur Normalisierung des Kreislaufs und legen Sie sich dann in die Entspannungslage.

Die abgebildeten Variationen sollten erst dann versucht werden, wenn wirkliche Sicherheit in der Grundstellung besteht. Senken Sie ein Bein auf den Boden, halten Sie die Stellung für etwa 15 Sekunden. Üben Sie auch die andere Seite (Eka Pada Sirshasana).

Der Lotus ist die schwierigste Variation. Winkeln Sie einen Fuß in die Leistenbeuge und streifen Sie den anderen über das angewinkelte Bein darüber (Padmasana in Sirshasana).

46

Der Schulterstand
Sarvangasana

Diese Stellung ist die Mutter der Asanas. Obwohl sie ebenfalls eine Umkehrhaltung ist, stellt sie ein gewisses Gegenbild zu Sirshasana, dem Kopfstand, dar. Eine Mutter symbolisiert die weiche Seite des Lebens. Sie denkt und fühlt mit dem Herzen. Ihre Liebe gilt jedem, gleich welchen Geschlechts und welcher Herkunft. Ihrer Natur lassen sich auch Sensibilität und Empfänglichkeit zuordnen. Betrachtet man die Bilder, so wird beim Kopfstand die Aktivität deutlich, beim Schulterstand hingegen die empfangende Seite.

Legen Sie sich zur Ausführung in die Rückenlage. Die Beine sind geschlossen, die Handflächen ruhen neben dem Körper auf dem Boden. Heben Sie zuerst die Beine, dann den Rumpf nach oben. Der Rücken wird schließlich mit den Händen unterstützt. Drehen Sie den Kopf gerade und halten Sie die Beine gestreckt. Der Körper sollte mit der Zeit in dieser Stellung ganz zur Ruhe kommen. Die Schultern in Verbindung mit den Oberarmen tragen die Last.

Richten Sie sich aus der Wirbelsäule auf, wobei Sie Beine, Hüften, den Bauch und auch die Schultern zunehmend entspannen können. Das Aufrichten beim Schulterstand geschieht dynamisch, aber ohne zwanghaften Krafteinsatz. Ein sanftes Lot zieht von den Füßen herab bis in die Mitte des Herzens. Die ganze Vorderseite bleibt entspannt. Im Idealfall richtet sich der Rücken schwerelos und vertikal wie eine Kerze auf. Wenn die feine Dynamik des Aufrichtens zu den ruhig entspannten Bereichen des Körpers in ausgewogenem Verhältnis steht, verbreitet sich Konzentration und ein angenehmes Fühlen erwacht.

Der Schulterstand führt zu einer natürlichen Vertiefung der Atmung. Der Atem sollte bei Asanas grundsätzlich nicht willentlich gelenkt werden, um eine unmerkliche Bindung von Denken und Willenskräften an den Körper zu vermeiden. Bleibt die Atmung im freien Rhythmus und in der natürliche Bewegung, erschließt sich ein neues Tor der sensitiven Erfahrungswelt. Jede Asana ist somit eine indirekte Atemübung. Wie ein großes Gefäß öffnet sich der Körper dem Atemstrom. Wille und Denken bleiben vor dieser Welt des Strömens und Fließens stille

Zuschauer; sie mischen sich nicht ein, überlassen sich dem größeren Rhythmus.

Sie können die Stellung zwischen einer und fünf Minuten oder auch länger halten. Ein feiner Hauch von Wärme strömt in das Innere und wirkt beruhigend auf das Nervensystem.

Sarvangasana heißt übersetzt: Stellung aller Teile. Der Schulterstand beeinflußt den gesamten Körper harmonisierend. Vor allem die Organe werden mit feinstofflicher Energie versorgt und damit in ihrer Funktion gekräftigt. Der Mensch besitzt neben seinem physischen auch ein geistiges Herz. Übt er den Schulterstand im Sinne einer reinen Körperübung, wird sein physisches Herz angeregt und gekräftigt. Praktiziert er dagegen aus Liebe, mit Hingabe, erfährt er seinen Körper auf neue Weise, und sein geistiges Herz, das mit dem höheren Selbst gleichzusetzen ist, erstarkt.

Eine sinnvolle Variation beim Schulterstand ist das Absenken eines Beines hinter den Kopf. Sie läßt sich, ergänzend zur Grundstellung, wechselweise mit beiden Beinen praktizieren (Eka Pada Sarvangasana).

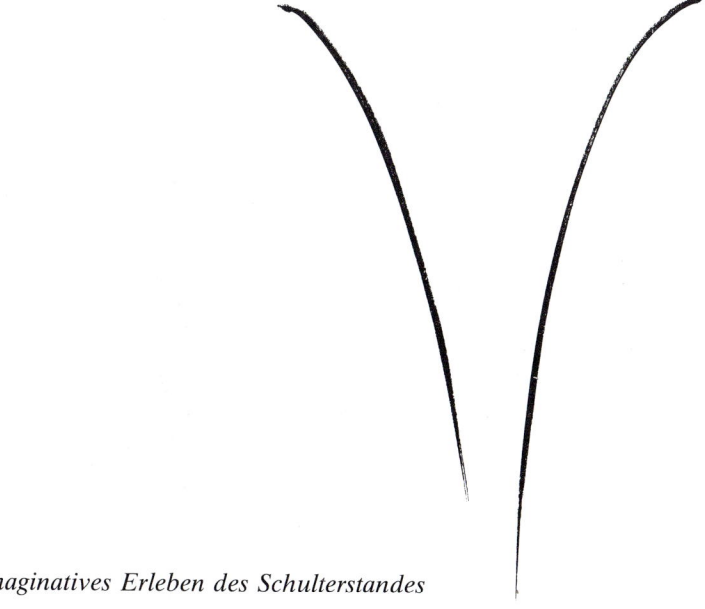

Imaginatives Erleben des Schulterstandes

Die vorwärtsbeugenden Asanas

Alle Asanas, bei denen die Wirbelsäule nach vorne gedehnt wird, erfordern Bereitschaft von innen heraus und ein großes Maß an Entschlossenheit. Die Rückseite des Körpers wird gedehnt, die Vorderseite komprimiert.

Jüngeren Menschen bereitet das Vorwärtsbeugen verhältnismäßig große Schwierigkeiten; älteren hingegen gelingt das Dehnen nach vorne im Vergleich zur Gesamtbeweglichkeit meist recht gut. Das liegt in der Entwicklung des Bewußtseins begründet. Mit der Wirbelsäule sind viele verschiedene Kräfte und Eigenschaften verbunden. Sie ist die zentrale Achse des Körpers, die das Haupt trägt. Zahlreiche Muskeln setzen an den Dorn- und Querfortsätzen der Wirbel an und ermöglichen durch weisheitsvolles Zusammenwirken vielfältige Bewegungen.

Die Bedeutung der Bewegung kann meditativ erfühlt werden. Einsatzfreudigkeit und Bereitschaft sind notwendig, um den Körper der Länge nach nach vorne hinauszutragen. Diese Bereitschaft beschreibt ein weites und vielseitiges Aktionsfeld des Lebens. Bewegung ist Ausdruck eigener Kraft; sie zeugt von der Fähigkeit, den Anforderungen des Lebens selbstaktiv zu begegnen.

Das Vorwärtsbeugen nun ist eine grundlegende Bewegungsrichtung der Wirbelsäule. Ihre Ausprägung dient der Steigerung innerer Selbstsicherheit. Daraus erwachsen Geduld, Ausdauer, innere Ruhe und ein geordnetes Denken.

Am Rücken treten durch die Wirbelöffnungen die wichtigsten motorischen Nerven für die Gliedmaßen und den Rumpf aus. Das Dehnen des Rückens und die damit einhergehende stärkere Durchblutung beleben und regenerieren diese großen Nervenbahnen. Es kommt zu einem Empfinden von gesteigerter Wachheit und Klarheit im Kopf. Die vorwärtsbeugenden Asanas entfalten während der aktiven Phase ihrer Ausführung eine starke Hitzewirkung; während der Entspannung wandelt sich diese aber in eine angenehme, kühlende Frische, die Stille und Ruhe spendet.

Der Pflug
Halasana

Der Pflug bricht die Erde auf, damit die Saat neuen, fruchtbaren Boden findet. Die Oberfläche des Bodens wird umgewälzt. Der Übende, der sich der Pflugstellung überläßt, kehrt sich um und führt seine Beine gestreckt über den Kopf hinweg. Die Asana bedeutet Aufbrechen, Umwälzung, Veränderung.

Ähnlich wie beim Schulterstand ruht der Körper auf den Schultern und den Armen, die Wirbelsäule richtet sich umgekehrt auf. Nur die Beine werden abgesenkt, bis die Zehen am Boden aufliegen.

Da der Brustkorb eingeengt wird, strömt die Atmung ganz natürlich in den tiefen Bauchraum. Eine rhythmische Welle gleitet ohne Unterbrechung bis hinunter in den Beckenboden.

Der Pflug ist eine wichtige Atem- und Bewußtseinsübung. Der Übende taucht mit dem Atem in den Innenraum. Enge und Bedrängnis, Spannung und Innendruck wallen im Körper auf. Wer nun auf den Atem horcht, vergißt die Enge und Einschnürung im Brustraum. Das Bewußtsein des Atems überwindet das Bewußtsein des Körpers. Der Atem gewinnt an natürlicher Tiefe und strömt ohne Anstrengung. Die Aufmerksamkeit kann ganz mit dem Atem verschmelzen. So führt der Atem das Bewußtsein in den unendlichen Rhythmus des Lebens. Denn Atem ist immerwährender Weltenrhythmus.

Legen Sie sich zur Ausführung in die Rückenlage. Die Beine sind geschlossen, die Handflächen ruhen neben dem Körper auf dem Boden. Lassen Sie die Aufmerksamkeit beständig auf den freien Fluß der Atmung gerichtet. Für die beginnende dynamische Phase werden zuerst die Beine und dann der Rücken gehoben. Führen Sie die Beine kontrolliert hinter den Kopf auf den Boden. Schließlich werden die Finger ineinander verschränkt, die Arme bleiben gestreckt. Die Beine sollten in der Endstellung möglichst gestreckt sein, die Zehen in Richtung Kopf zeigen. Entspannen Sie die Schultern.

Fällt Ihnen die Asana schwer, lassen Sie vorerst die Beine in der Luft. Gelingt sie Ihnen leicht, so können Sie die Dehnung im Rücken erhöhen und weiter in die Streckung gehen, wobei diese keinesfalls erzwungen werden darf. Der Körper fügt sich in umgekehrter Haltung der freien Bewegung des Atmens. Er wird in der Asana zu einem engen Gefäß. Umgekehrt am Boden ruhend, läßt er die Welle des Atems ein- und ausströmen. Nach und nach lösen sich von innen heraus die Spannungen des Körpers.

Eine sinnvolle, jedoch bereits fortgeschrittene Asana entsteht, wenn Sie die Knie hinter dem Kopf absenken. Die Dehnung in der Hals-, Brust und Lendenwirbelsäule wird erhöht.

Im Anschluß an die Grundstellung kann eine weitere Variation praktiziert werden. Fassen Sie mit den Fingern die Fußspitzen und ziehen Sie die Beine weit in die Spreizung (Supta Konasana).

Halten Sie den Pflug oder die Variationen ein bis drei Minuten und kehren Sie dann in einer kontrollierten Bewegung zur Ausgangslage zurück.

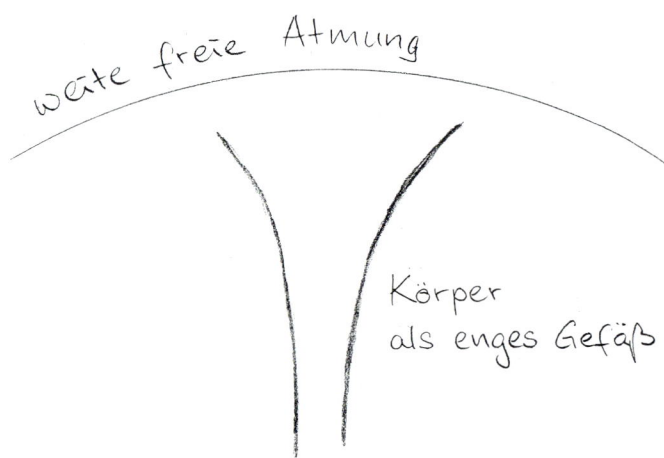

Imaginatives Erleben des Pfluges

Die Kopf-Knie-Stellung
Paschimothanasana

Paschimothanasana ist aus drei Wörtern zusammengesetzt. „Paschimo" heißt übersetzt „Westen". Die Inder bezeichnen damit die Rückenseite des Körpers; „Uthan" bedeutet „intensive Streckung"; „Asana" heißt „Stellung". Nach intensiver Streckung der Körperrückseite wird die Stellung schließlich bewegungslos gehalten. Gerade die Kopf-Knie-Stellung erfordert Geduld, Ausdauer und Entschlossenheit. Ein längeres Halten der Asana ist empfehlenswert. Beginnend mit einer Minute kann es auf 5 oder sogar 10 Minuten gesteigert werden.

Diese Asana wird etwa in der Mitte einer Übungsreihe praktiziert. Sie ist die wichtigste vorwärtsbeugende Stellung. Im Hinblick auf ihre vielfältige Bedeutung für Körper und Seele sollte sie unbedingt sorgfältig erarbeitet werden.

Der Übende darf dabei den Spannungen des Körpers nicht ausweichen. Wer die tieferen Ebenen des Erlebens berühren möchte, benötigt die Entschlossenheit und den Mut zur Selbstüberwindung.

Die Kopf-Knie-Stellung beschreibt das weite Hinaustragen des ganzen Oberkörpers, des Kopfes und der Arme. Aus der untersten Wirbelsäule heraus wird die Streckung aufgebaut. Der Körper wird länger. Ein Dehnschmerz macht sich an den Kniekehlen und Oberschenkeln bemerkbar.

Die Dynamik erwächst aus der Lendenwirbelsäule, der Bauch bewegt sich in Richtung Oberschenkel, der Kopf zu den Füßen hin.

Wird ohne einsatzfreudige Entschlossenheit gearbeitet, so bewirkt die Stellung lediglich ein gesteigertes Körpergefühl. Es kommt dabei nicht zu einem Erleben von Körperfreiheit, welches erst die Offenheit des Gedankenlebens herbeiführt.

Geben Sie sich bei der Kopf-Knie-Stellung entschlossen und ohne Zögern der Dehnung hin. Wird die Übung länger gehalten, so entsteht Wärme bis hin zur Schweißbildung.

Die Ausführung beginnt in der Sitzhaltung. Die Beine sind geschlossen, der Oberkörper wird nach oben gestreckt und die Arme über den

Kopf gedehnt. Wachsen Sie weit bis in die Fingerspitzen empor. Verharren Sie kurz in dieser vorbereitenden Streckung.

Der Stamm eines Baumes ist im untersten bodennahen Abschnitt am breitesten. Der Bewegungsansatz ist bei Paschimothanasana im unteren Rücken am stärksten und erstreckt sich hinaustragend über die ganze Wirbelsäule nach oben, bis hinein in die Fingerspitzen. Wachsen Sie weit und entschlossen über Ihre Grenzen hinaus. Schließlich werden die Füße mit den Händen an den Zehen oder an den Außenseiten ergriffen. Können die Füße noch nicht gefaßt werden, so nimmt man die Schienbeine oder Knöchel. Halten Sie die Dynamik aus dem unteren Rücken mit bewußter Aufmerksamkeit und Intensität. Je zentrierter der Ansatz im Kreuzbein und im Lendenabschnitt ist, umso freudiger wächst der Körper in die Länge.

Diese vorbereitende, dynamische Phase erfordert etwa 1 Minute Zeit. Nun folgt die Ruhephase, die eigentliche Asana. Entspannen Sie die Schultern. Die Arme dienen während der statisch-bewegungslosen Phase lediglich der Führung des Oberkörpers. Mit den Armen und Händen wird eine harmonische Form zurechtgerichtet.

Atmen Sie völlig frei. Benützen Sie den Atem nicht, um weiter in die Stellung zu kommen. Der Atem ist eine größere Kraft, die nicht willentlich oder gedanklich benützt werden sollte. Durch Entspannung der Schultern, Ausdauer im Halten und Hingabebereitschaft lösen sich zunehmend Widerstände im Körper. Wachheit und Frische im Denken machen sich bemerkbar.

Eine mögliche Variation zu dieser Stellung ist die Kopf-Knie-Stellung mit einem Bein. Winkeln Sie ein Bein nach innen an den Oberschenkel, strecken Sie den Körper nach oben, und tragen Sie sich weit zum ausgestreckten Bein hinaus (Eka Pada Paschimothanasana). Üben Sie dann die andere Seite.

Auch im Stehen läßt sich die Kopf-Knie-Stellung ausführen. Der Sanskritname heißt Pada Hastasana, die Hand-Fuß-Stellung. Sie eignet sich gut als Zwischenübung im Sonnengebetszyklus. Wachsen Sie im Stehen aus der Wirbelsäule heraus bis in die Fingerspitzen, die Schultern bleiben dabei entspannt. Beugen Sie dann unter Beibehaltung der Längsdynamik den Oberkörper nach vorne, bis schließlich die Handflächen neben den Füßen auf den Boden kommen.

Die balancierende Kopf-Knie-Stellung
Urdhva Mukha Paschimothanasana

Eine sehr schöne, jedoch weit fortgeschrittene Stellung ist die balancierende Kopf-Knie-Stellung: Urdhva Mukha Paschimothanasana. Winkeln Sie dazu im Sitzen die Beine ab, und fassen Sie die Füße an den Außenkanten. Richten Sie den Oberkörper auf, und strecken Sie die Beine nach oben. Sobald Sie die Endstellung erreicht haben, achten Sie auf entspannte Schultern. Die Dynamik erfolgt aus dem unteren Rücken und verflüchtigt sich nach oben.

Wie eine Blume, die ihre Blüte zum Licht hinwendet und dabei ihre Blütenblätter öffnet, so öffnet sich auch der Übende dieser neuen Quelle, die ihm unerwartet entgegenkommt. Die aufgerichtete Haltung hält er ohne Zwang, aber mit ausdauernder Sicherheit bei.

Ein Kissen kann für diese Stellung anfangs als Stütze dienen, um ein Umkippen nach hinten zu verhindern.

64

Die umgekehrte Kopf-Knie-Stellung
Parivrtta Janu Sirshasana

Schon das äußere Bild der umgekehrten Kopf-Knie-Stellung vermittelt Ästhetik und Anmut. Diese fortgeschrittene Asana sensibilisiert die Wahrnehmung der Sinne und spendet durch das sanfte Öffnen der Vorderseite des Körpers Ruhe und Leichtigkeit. Während der klassischen Kopf-Knie-Stellung ist das Gesicht nach unten gerichtet. Der Übende taucht in die Welt seiner Spannungen hinein. Er erfährt die Verhältnisse in sich. Die Außenwelt bleibt für ihn unbeachtet. In der umgekehrten Kopf-Knie-Stellung wendet sich der Übende mit dem Gesicht nach oben. Die niedrige Bodenlage spendet Ruhe und Gleichmut. Der untere Rücken gleitet dynamisch nach vorne hinaus, der ganze Rumpf dreht sich öffnend der neuen Erfahrungswelt entgegen. Die Dynamik wächst aus dem unteren Rücken und verliert sich in der Gelöstheit des Schultergürtels.

Für die Ausführung sollte die Kopf-Knie-Stellung schon gut beherrscht werden. Vorbereitend wird die Grundstellung 5 Minuten oder auch länger gehalten. Winkeln Sie dann ein Bein mit dem Fuß an die Innenseite des Oberschenkels, und strecken Sie den Körper weit nach oben. Während des Hinauswachsens nach vorne wird der ganze Rumpf aus dem Becken heraus gedreht, die Hände ergreifen von oben herab die Füße. Die Schulter wird sorgfältig an die Innenseite des Knies gelegt. Lassen Sie die Schultern entspannt. Behalten Sie aber die Dynamik aus dem unteren Rücken bei, und öffnen Sie sich drehend der kommenden, sensiblen Weite. Bauch- und Brustraum werden frei. Bei richtiger Ausführung bringt nicht die Willenskraft, sondern die sensible Offenheit den Körper weiter in die Drehung. Der Körper kann durch die Sensibilität für Augenblicke völlig vergessen werden.

Halten Sie etwa eine Minute und üben Sie dann die andere Seite.

Sie können die Grundstellung auch mit folgender Beinhaltung sinnvoll variieren: Das üblicherweise nach innen gerichtete Bein wird angewinkelt nach außen gelegt.

Die Kopf-Knie-Stellung
und die individuelle Stärke

Die vorhandene oder fehlende Beweglichkeit in einem Körperabschnitt, darf nicht als Werturteil zum Erkennen des menschlichen Charakters benützt werden. Die Anlagen im Bewegungsapparat zeigen nur die individuelle Stellung des Menschen zu seiner Umgebung. Der Charakter beruht auf der ethisch-moralischen Geisteshaltung, die nichts mit dem Körper zu tun hat.

Die Kopf-Knie-Stellung ist für jeden Menschen eine günstige Asana, um die eigenen Spannungsverhältnisse in der Persönlichkeit kennenzulernen. Mit jedem Tag, an dem sie geübt wird, sind die Spannungen und Widerstände neu zu bewältigen. Die Fortschritte bei dieser Asana zeigen sich nur sehr langsam, oftmals stagnieren sie sogar. Dies liegt daran, daß die Entwicklung einer Bewegungsrichtung auch Veränderungen in der Persönlichkeit des Menschen erfordert. Eine neue Ordnung im Zusammensein mit den Mitmenschen wird notwendig.

Wer große Schwierigkeiten bei der Ausführung der Kopf-Knie-Stellung besitzt, der tut gut daran, sein Denken und seine Wahnehmung gegenüber der Außenwelt objektiv zu schulen. Der Körper wird durch die Empfindungswelt der Seele belebt. Ist das Denken nun von der Wärme des seelischen Lebens angehaucht, so löst sich manche harte Muskelspannung und die Bewegungen werden mühelos und spannkräftig durchführbar. Das empfindende Denken ist objektiver als das einseitig verstandesbetonte Beurteilen, es ist nahe an die Wirklichkeit des Lebens gerichtet. Die Gedanken sind leicht und geben eine praktische, unkomplizierte Auffassungsgabe. Verwechselt werden darf aber die Empfindung nicht mit äußeren Lebensgefühlen oder Träumerei.

Die Kopf-Knie-Stellung ist eine Asana, die zu Kraft und Stärke im eigenen Wesen führt. Diese Eigenschaften werden niemanden geschenkt, sondern müssen hart durch das Leben selbst erarbeitet werden. Wer viel im Leben träumt, wird sich mit der Asana endlos herumplagen. Stärke und Kraft entstehen durch aktive Auseinandersetzung mit den vielen Arbeiten und Anforderungen. Objektives Denken ist ein Ergebnis der eigenen Anstrengung und Ausdauer. Wer die Natur sieht, der wird Verantwortung gegenüber ihr gewinnen. Wer die Mitmenschen sieht, kann ihnen verstehend entgegenkommen. Wer das Arbeitsleben erkennt, sieht die Notwendigkeit der Aufgaben und handelt deshalb verantwortlich. Die Erkenntnisse über die vielseitigen Verhältnisse des Lebens geben dem Menschen Reife und Kraft. Sie beruhen auf einem empfindungsmäßigen Denken, das objektiv die Tatsachen des Lebens erschaut.

In Paschimothanasana ist unbedingt aktiver Einsatz notwendig. Der Übende sucht nicht seine Grenze, sondern überwindet sie. Von Anfang an setzt er sich kein Ziel aus dem Verstande, sondern gibt sich unmittelbar im Hier und Jetzt der Welt des Dehnens und Spannens hin. Die freudige Anteilnahme führt zu einer immer tiefer werdenden Bereitschaft. Mit der Liebe zu den Asanas kommen neue Kräfte mit anderen Wirkungsdimensionen ins Leben. Die Beziehung zum eigenen Körper und zur Gesundheit wandelt sich. Die herkömmlichen Denkmuster lösen sich wie wenige Wassertropfen in einem Meer auf. Wer wirklich aufrichtig und mit williger Einsatzfreudigkeit übt, der wird über den Körper hinauswachsen. Das Leben gewinnt durch die liebevolle Hingabe, die den rechten Einsatz und Spannkraft ermöglicht, wahre Kraft und Stärke.

Der träumende wie auch der verstandesbetonte Mensch wird sich in der Kopf-Knie-Stellung schwer tun, weil er unbewußt am Körper festhält und damit nicht über die Grenzen hinauswachsen kann. Das unbewußte Festhalten manifestiert sich als Blockade im unteren Rücken. Die rechte Selbsterkenntnis hilft, diese Blockade mit der Zeit aufzulösen. Was aber ist die richtige Selbsterkenntnis? Denkt man über das Selbst nach, über jenes kosmische Ich, das in jedem Menschen als eine unsichtbare Kraft lebt, wird man zu der Schlußfolgerung gelangen, daß die Selbsterkenntnis über das eigene Wesen hinausführt. Ja, erkennen wird sich ein Mensch im anderen, nicht im eigenen begrenzten Umfeld seiner Person. Ein gesundes Verstehen und Beurteilen der Mitmenschen öffnet das Leben zur Weite und Freiheit. Diese Weite ist wie ein schimmerndes Sternenlicht, das im Himmelsgewölbe leuchtet und im eigenen Inneren zur Selbsterkenntnis führt.

Die rückwärtsbeugenden Asanas

Nach der Kopf-Knie-Stellung erfolgen sinngemäß die rückwärtsbeugenden Asanas. Die Wirbelsäule wächst bei sich weitendem Bauch- und Brustraum in die Länge und wölbt sich dabei rückwärts. Durch die weitausholenden Bewegungen drücken sich jugendliche Anmut und spielerische Leichtigkeit aus. Eine völlig neue Welt der Erfahrungen zeigt sich mit dem mutigen Hingeben an die Offenheit.

Bei allen rückwärtsbeugenden Asanas ist große Vorsicht notwendig. Vor allem ältere Menschen sollen diese Übungen nur sehr langsam einstudieren. Im Alter verliert die ganze Muskulatur an Elastizität, weite Bewegungsdimensionen können nicht mehr so leicht gewonnen werden. Für das rückwärtsbeugende Anspannen müssen alle Teilbereiche der Wirbelsäule beweglich sein. Ist ein Abschnitt blockiert, so knickt der Rücken meist an einer schwächeren Stelle und die durchlaufende Spannung bricht ab. Wie ein Strohhalm nur dann in die Ausgangslage zurückkehren kann, wenn er nicht geknickt wird, bleibt auch die Wirbelsäule nur gesund und spannkräftig, wenn der Spannungsbogen erhalten bleibt. Bei vielen Menschen ist die Brustwirbelsäule blockiert. Dadurch wird beim rückwärtigen Hinausspannen die Lendenwirbelsäule gerne gestaucht und überbelastet. Ein Blutandrang im unteren Rücken verhindert die natürliche Entlastung und befreiende Regeneration. Ungünstiger Ansatz oder fehlerhafte Ausführung können auch zu Schilddrüsenreizungen und Hormonstörungen führen.

Die Wirbelsäule besteht aus 7 Hals-, 12 Brust-, 5 Lendenwirbeln, dem Kreuzbein und dem Steißbein. Damit beim aufrechten Gang eine Federwirkung gewährleistet ist, weist die Wirbelsäule mehrere Krümmungen auf. So wölbt sich der Lendenbereich leicht nach vorne, der Brustabschnitt nach hinten und die Halswirbelsäule wieder nach vorne. In der Regel ist bei jüngeren Menschen die Wirbelsäule ohne Blockade, spannkräftig und in allen Teilbereichen beweglich. Erst mit dem Älterwerden entstehen Probleme und Beschwerden bis hin zu unangenehmen Krankheiten mit beträchtlicher Bewegungseinschränkung. Von vielen Ärzten und Therapeuten werden leichte Bewegungsübungen, oder auch Yoga-Asanas, als Heilanwendung vorgeschlagen. Die Ursache des Flexibilitätsverlustes, der bis zu pathologischer Unbeweglichkeit führen kann, liegt nicht im Körper, sondern primär in der Seele selbst begründet. Die Wirbelsäule trägt das Haupt. Sie ermöglicht die aufrechte Haltung, sie umschließt auch durch die Wirbelkörper schützend das Rückenmark, einen Zentralteil des Nervensystems. Unbewußt hält der Mensch die Wirbelsäule fest, er hält sie auf starre und fixierte Art aufrecht. Die Ursache hierfür liegt im Denken selbst begründet. Die Art und Weise, wie der Mensch sich selbst mit dem Gedankenleben verbindet, verleiht im Flexibilität oder Einschränkung. In unserer gegenwärtigen Zeit ist das Denken im allgemeinen recht wenig lebendig. Es fehlen die Wärme des Gemüts und der Hauch der Geistigkeit. Durch die einseitige Intellektualisierung verhärtet die Muskulatur des Körpers, und die Wirbelsäule weist blockierte Abschnitte auf.Die Abbauprozesse im Knorpelgewebe und in den Knochen selbst, gehen ebenfalls rascher voran.

Der Yoga ist kein körperlicher Übungsweg, sondern beinhaltet die tiefe Einstimmung und Durchlichtung der Seele mit einer höheren, geistigen Kraft. So erfolgt die Heilwirkung auf den Körper nicht durch die Körperübungen, sondern durch das Erkenntnisvermögen der Seele, durch das Bewußtsein selbst. Wird das Denken lebendig, so ändert sich auch das in Muskulatur und Gliedmaßen verankerte Willensleben. Dem Menschen in seiner physischen, wie auch psychischen Verfassung können neue, lebendige und aufbauende Kräfte zufließen.

Der Prozeß erfolgt aus dem Feineren zum Gröberen, von der unsichtbaren Seelenebene zu der manifestierten Welt der Psyche und zur sichtbaren Welt des Körpers. Die lichten Gedanken und wärmenden Gefühle der Toleranz, des Mitfühlens und der Aufrichtigkeit geben der Wirbelsäule durch ihre Lebendigkeit Spannkraft und damit Gesundheit.

Die Übungen des Yoga erfordern die lebendige Anteilnahme durch die Seele. Das Bewußtsein arbeitet aktiv und dringt durch die Erkenntnis und Hingabebereitschaft in die tiefen Zusammenhänge verstehend ein. Das Vorwärtsbeugen erfordert Selbstüberwindung, Einsatz und Ausdauer. Der Übende verharrt in seinen eigenen Spannungen und erlebt seine eigenen Widerstände. Beim Rückwärtsbeugen aber tritt ein feines

Wesen hinzu. Während des weiten Hochwachsens ist ein sorgfältiges Anspannen der Wirbelsäule notwendig. Im Yoga der Hingabe darf aber nicht mit unmittelbarem Krafteinsatz, vor allem nicht mit leistungsorientierter Willensanstrengung gearbeitet werden. Eine ganz neue und lebendige Welt umhüllt die Leiblichkeit während der Ausführung der Asanas. Der Körper scheint zurückzuweichen, die eigene Persönlichkeit gibt sich der Offenheit und Weite des ganzen Lebens hin. Das Rückwärtsbeugen führt zu einem Empfinden von Körperfreiheit.

Das Vorwärtsbeugen in der Kopf-Knie-Stellung dient als Vorbereitung für die rückwärtsbeugenden Asanas. Als erste rückwärtsbeugende Asana wird die schiefe Ebene ausgeführt. Sie ist eine wichtige Grundstellung für Anfänger wie auch für Fortgeschrittene. Öffnet sich das Bewußtsein für die Leichtigkeit und Weite, so können die Asanas auf lebendige Weise aufgebaut werden. Durch die Offenheit schwinden die vielen Widerstände und Spannungen. Bei den rückwärtsbeugenden Asanas erhebt sich die meditative Wesensseite aus der lichten Welt des Unbegrenzten. Die Übungen beschreiben das Vergessenkönnen der Wirbelsäule, des Körpers, der eigenen Persönlichkeit.

Die schiefe Ebene
Parvotasana

Die schiefe Ebene ist die unkomplizierteste und zugleich eine der wichtigsten Asanas. Schon bei dieser Asana kann ein deutliches Fühlen für die Art und Weise, den Körper hinzugeben und die Wirbelsäule während der Durchstreckung zu vergessen, entstehen. Völlig ungeschützt hebt sich der ganze Körper entgegen der Schwerkraft empor. Das Gewicht ist auf vier Punkte verteilt. Die Asana ist wie eine Reise in ein fernes Land. Gedanken an Sicherheit und Erinnerungen an altgewohnte Erfahrungen lassen den Körper sehr schwer und die Asana mühselig werden. Unbefangenes Öffnen, ohne zu zögern und ohne auf den wohlbekannten Körper zu achten, bringt Leichtigkeit und große Freude. Der Übende nimmt Abschied von allem Alten und findet Mut für das Neue. Dieser Mut läßt Freude und Freiheit empfinden.

Die Ausgangslage ist die Sitzhaltung mit gestreckten Beinen. Setzen Sie die Hände hinter dem Rücken auf den Boden auf. Die Finger sind nach hinten gerichtet. Strecken Sie sanft den Rücken und besinnen Sie sich vor der Ausführung. Der Körper sollte bei der Schiefen Ebene eine möglichst geordnete Form annehmen. Durch wiederholtes Üben können Sie nach und nach die Form dem Idealbild annähern.

Heben Sie in einer entschlossenen, kontrollierten Bewegung den Körper in die maximale Streckung. Die Beine bleiben gestreckt. Fällt Ihnen die Bewegung schwer, lassen Sie nur die Fersen am Boden, fällt sie Ihnen leicht, legen Sie die ganzen Fußsohlen auf den Boden. Der Kopf kann entweder leicht in die Wölbung einbezogen, oder bei sehr weiter Durchstreckung direkt in den Nacken zurückgelegt werden. Mit einiger Übung werden Sie diese Stellung bis zu einer Minute halten können.

Üben Sie die Schiefe Ebene möglichst oft. Sie stärkt die Handgelenke, die Schultern und den ganzen Rücken. Dem Anfänger in Yoga-Asanas vermittelt die Stellung ein Gefühl für Spannkraft und Dehnung. Die Wirbelsäule wird der ganzen Länge nach beansprucht. Das längere Halten dieser Grundstellung des Yoga bereitet auf fortgeschrittenere Asanas vor.

Der Halbmond
Anjaneyasana

Der Mond reflektiert das Licht der Sonne. Die Sichel des Mondes nimmt je nach Stellung der Erde zu oder ab. Nimmt der Mond zu, so reflektiert er immer mehr Sonnenlicht. Die Sichel wird breiter, die von der Sonne angestrahlte Oberfläche vergrößert sich bis zur vollständigen Rundung.

Der Halbmond als rückwärtsbeugende Asana beschreibt das Öffnen für das entgegenkommende Licht. Das Licht der Sonne ist eine unerschöpfliche Kraftquelle. Es ist der Ursprung allen Lebens. Der Mensch aber kann ähnlich wie der Mond keine eigenes Licht hervorbringen, er kann es nur durch seine Reinheit in der Seele reflektieren.

Die Wirbelsäule wird weit in die Streckung hochgetragen und der Körper wölbt sich, hingegeben an die kommende Weite, nach rückwärts. Die Asana erfordert Spannkraft und gleichzeitig das sensible Gefühl des Loslassens, so daß die Widerstände im Schulter- und Rückenbereich schwinden.

Für den Anfänger ist der Halbmond eine sehr bedeutende rückwärtsbeugende Asana. Aber auch dem Fortgeschrittenen schenkt sie immer wieder neue Bereiche des Erlebens.

Nehmen Sie als Ausgangsstellung den Kniestand ein. Das rechte Bein wird nach vorne gestellt, die Arme hängen locker nach unten. Verlagern Sie das Körpergewicht auf das vordere Bein und entspannen Sie den ganzen Oberkörper.

Die Ausführung einer rückwärtsbeugenden Asana erfordert Konzentration, Sorgfalt, Mut zum Anspannen und Innerlichkeit. Die Willenskraft wird nicht äußerlich eingesetzt, sondern mit feiner Aufmerksamkeit aus der Weite in die Welt des Körpers getragen. Der Atem fließt durch die verfeinerte Willensenergie leicht, kurz und in freiem Rhythmus.

Falten Sie die Hände aneinander und führen Sie die Arme gestreckt über den Kopf nach oben. Wachsen Sie über den unteren Rumpf heraus über die ganze Wirbelsäule nach oben. Der Körper wölbt sich halbmondförmig in die Streckung. Die untere Wirbelsäule darf nicht knicken.

Die weitere Durchwölbung der Wirbelsäule geschieht nicht unmittelbar durch direkte Kraftanstrengung. Werden Sie sich der sensiblen Offenheit bewußt. Wie eine große, einhüllende Macht kommt sie aus dem freien Raum an den ungeschützt geöffneten Körper heran. Durch dieses Bewußtsein kann der Körper immer mehr der Durchwölbung hingegeben werden. Die Bewegung ist innerlich dynamisch und zugleich sehr fein geformt.

Der Halbmond kann in der Endphase meist nur kurz gehalten werden. Eine halbe bis eine Minute genügen. Wechseln Sie die Beinstellung und führen Sie die Asana noch einmal aus.

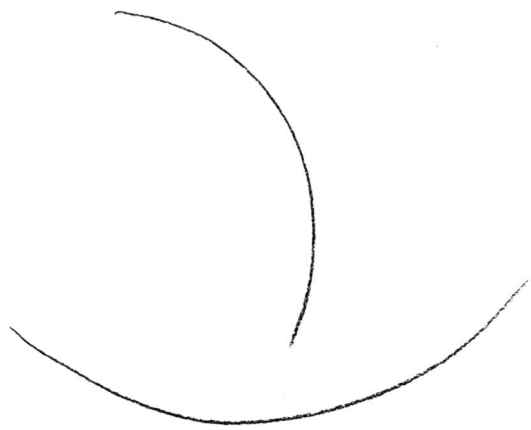

Imaginatives Erleben des Halbmondes

Das Kamel
Ustrasana

Die beginnende dynamische Phase ist bei einer rückwärtsbeugenden Asana entscheidend für die Gesamtharmonie. Gerade beim Kamel sollte sie bewußt angesetzt werden. Wird die Wirbelsäule von Anfang an gestreckt und somit der ganze Köper in die Offenheit getragen, so führt dies zu einer angenehmen Belebung mit nachfolgender Regeneration. Ein Gefühl des Freiseins und der Ungebundenheit, bei zugleich bestehender Konzentration, macht sich bemerkbar.

Nehmen Sie zur Ausführung den Kniestand ein. Die Knie können 10 bis 20 cm Abstand voneinander haben. Führen Sie den rechten Arm in einer großen Bewegung nach oben und strecken Sie sich mit der Wirbelsäule weit hinaus. Blicken Sie dann zurück zur rechten Ferse und führen Sie den Arm mit weit ausgleitender Streckung nach hinten, bis Sie die Ferse ergreifen können. Achten Sie bewußt auf das durch die Bewegung des Armes eingeleitete weite Herauswölben der Wirbelsäule. Der Brustkorb und die Flanke öffnen sich. Führen Sie dann den linken Arm in weiter, hinaustragender Bewegung zur linken Ferse. Der ganze Körper befindet sich von den Hüften aufwärts in einer durchlaufenden Spannung.

Der Kopf wird in die bogenförmige Bewegung einbezogen. Ist diese gering, sollte der Kopf mehr erhoben gehalten werden, ist sie weit , kann er in den Nacken zurückgelegt werden. Halten Sie die Stellung maximal eine Minute lang.

Das Kamel ist eine wichtige Grundstellung zur Vorbereitung von fortgeschritteneren Asanas. Nie darf der Körper ohne Längsdehnung und ohne durchlaufend aufgebaute Spannung nach hinten gewölbt werden. Mit der weit ausholenden Armbewegung wird die Wirbelsäule vorbereitend gedehnt und durchgearbeitet. Dieses weite Öffnen der Flanke und der ganzen Vorderseite des Körpers führt zum Erwachen eines schöpferisch inspirativen Bewußtseins. Üben Sie das Kamel möglichst oft. Dadurch erfahren Sie die Leichtigkeit und Freiheit des Rückwärtsbeugens. Tiefste Hingabe des Körpers an die große Weite des Ganzen drückt sich durch diese Bewegungsrichtung aus.

Die Heuschrecke
Shalabasana

Einen recht ungewöhnlichen Bewegungsansatz erfordert die Heuschrecke. Der Körper liegt in Bauchlage am Boden. Die Arme dienen als Hebel. In einer großen Bewegung gleiten die Beine entgegen der Schwerkraft nach oben. Das Kinn, die Schultern und die Arme liegen am Boden auf. Unter den rückwärtsbeugenden Asanas hat Shalabasana eine zentrale Bedeutung. Hier lernt der Übende die Schwerkraft seines eigenen Körpers durch Konzentration, feine Abstimmung und Entspannung zu überwinden.

Die rückwärtsbeugenden Asanas dehnen den Brustkorb, öffnen die Flanken und lösen die Spannungen im Bauchraum. Die Heuschrecke wird am besten nach dem Halbmond oder Kamel praktiziert. Sie erweckt viele lebendige Impulse durch das Strömen der Energie im Organbereich.

Die aktive Ausführung der Heuschrecke schenkt eine sehr freudige und wohltuende Erfahrung. Um die Beine weit vom Boden abzuheben, ist ein tiefes Loslassen im Inneren notwendig. Die Schwere des Körpers, die Abhängigkeit vom Gebundensein, die gewöhnliche Ordnung des Lebens wird für einen kurzen Moment verlassen.

Legen Sie sich in die Bauchlage. Die Arme werden gestreckt unter den Körper gelegt, die Ellbogen bleiben möglichst nahe beisammen. Verschränken Sie die Finger. Die Daumenrückseiten berühren den Boden. Falls diese Handstellung für Sie nicht möglich ist, können Sie die Handflächen oder auch die Handrücken nebeneinander legen. Wichtig ist, daß die Arme möglichst nahe beieinander sind, um sie als kräftigen Hebel einzusetzen. Je länger der Hebel ist, desto leichter gelingt Ihnen die Ausführung. Entspannen Sie die Schultern und den ganzen Oberkörper. Lassen Sie sich Zeit. Horchen Sie auf die Atmung. Trotz der unbequemen Lage sollte der Atem leicht und frei bis in die Tiefe des Beckenbodens fließen.

Die halbe Heuschrecke (Ardha Shalabasana):

Dazu führen Sie zuerst das rechte Bein gestreckt nach hinten hoch. Die Hüfte sollte nicht kippen. Während Sie kurz halten, lassen Sie die linke

Körperseite entspannt, und achten Sie darauf, daß der Atem möglichst frei fließen kann. Senken Sie das Bein dann wieder und wechseln Sie zur anderen Seite.

Die halbe Heuschrecke ist vorbereitend für die eigendliche Grundstellung.

Heben Sie für die ganze Heuschrecke beide Beine gestreckt nach oben. Die Bewegung sollte entschlossen und impulsiv aus dem unteren Rücken entspringen. Je entspannter der Oberkörper bleibt, desto weniger Grenzen setzen Sie der Bewegung, die sich den Rücken entlang fortpflanzt. Lassen Sie den Atem trotz des Körpereinsatzes weiterhin frei fließen.

Anfangs werden Sie diese Stellung nur wenige Sekunden lang halten können. Mit zunehmender Übung können Sie die Haltedauer bald auf eine halbe Minute erhöhen.

Verlieren Sie bei Shalabasana nicht die Geduld. Probieren Sie die Ausführung entschlossen und ganz unbefangen immer wieder aufs neue. Ein Kind benötigt Monate, bis es das Laufen sicher beherrscht. Irgendwann einmal wird Ihnen die Ausführung so spielerisch gelingen, daß Sie beide Beine vertikal wie einen großen Halbmond hochhalten.

Die Kobra
Bhujangasana

Bhujangasana ist insgesamt schwieriger als die vorhergehenden Asanas. Praktizieren Sie die Kobra erst, wenn alle Teilbereiche des Rükkens, insbesondere die Brustwirbelsäule, gut beweglich sind.

Das Wesen dieser Asana liegt nicht im immer weiteren Hochwachsen. Die Wirbelsäule wird im Brustbereich weit durchgewölbt. Mit dem intensiven Dehnen reift die Erkenntnis, was Verneigung und Selbstaufgabe bedeuten. Die Wirbelsäule erhebt sich nicht zur auffälligen Größe, sondern wölbt sich wie ein runder Bogen, gleichmäßig in Harmonie und Form. Je weiter Sie in die Stellung hineingehen, desto niedriger wird die Lage des Kopfes. Der Körper wird kleiner, er erscheint bildhaft aus sich selbst zu entschlüpfen.

Beginnen Sie in der Bauchlage. Legen Sie die Hände unter die Schultern, so daß die Fingerspitzen mit den Schlüsselbeinen abschließen. Die Beine bleiben während der Ausführung geschlossen.

Bei allen rückwärtsbeugenden Asanas ist die entspannte Schulterpartie grundlegend. Daraus wird wirkliche Offenheit erst möglich. Achten Sie deshalb von Anfang an darauf, gelöst und doch entschlossen in die Stellung hineinzuwachsen. Große Freude erfüllt Sie, sobald sich der Bewegungsimpuls einmal aus der inneren, inspirativen Welt des Bewußtseins herleitet.

Legen Sie den Kopf in den Nacken, ziehen Sie dann die Ellbogen hinter dem Rücken nahe zusammen, und wölben Sie sich mit der Brustwirbelsäule nach oben. Diese Bewegung ist eine große Durchstreckung der mittleren und oberen Wirbelsäule. Sie sollte sorgfältig aufgebaut werden, damit kein Druck im Lendenbereich entsteht. Schmerz oder Druck in der untersten Wirbelsäule ensteht bei falscher oder fehlender Durchstreckung der Brustwirbelsäule.

Der Oberkörper ist hochgewölbt, die Hände ruhen ohne Druck am Boden. Das Gewicht wird nur soweit von den Armen getragen, daß der Körper nicht nach vorne kippt. Lassen Sie die Ellbogen ganz unbewegt nahe an den Flanken.

Die Kobra zu halten ist sehr anstrengend. Verweilen Sie möglichst ruhig etwa eine halbe bis zu einer Minute in der statischen Phase. Ein feines Strömen in den Organen des Bauch- und Brustraumes strahlt bereits während der Ausführung und besonders im Nachhinein auf das Wohlbefinden. Immer feiner läßt sich dieses Strömen der Lebensenergie im Körper empfinden.

Eine der schönsten Asanas ist die Königskobra. Sie gelingt in der Regel erst nach langer Vorbereitung. Wölben Sie die Brustwirbelsäule weiter, stützen Sie sich zur Führung des Oberkörpers etwas mehr auf die Arme, und heben Sie die Unterschenkel hoch. Stellen Sie die Füße auf den Hinterkopf.
Entspannen Sie nach der Ausführung in der Bauchlage.

Der Fisch
Matsyasana

Achten Sie bei den Asanas auf die richtige Spannungsverteilung. Bestimmte Muskelpartien sind gedehnt oder kontrahiert, andere dagegen entspannt. Die richtige Verteilung der Spannung gelingt erst nach einiger Übungszeit. Das Bild des Fisches zeigt sehr deutlich, welche Partien angespannt werden und welche gelöst bleiben. Die feinstoffliche Lebensenergie durchströmt den Körper in jedem Augenblick. Durch die Asana wird diese Enerige in bestimmten Ebenen gesammelt und der Körper heilsam beinflußt. Die Hingabe im Fisch wird zur direkten Selbstaufgabe. Daraus erwächst ein Empfinden von Wachsein, Klarheit im Denken und Fühlen, Sensitivität und Offenheit für den Augenblick. Manche Gedanken von Melancholie weichen durch das Bewußtwerden der angenehm weiten Atmung. In der statischen Phase wird der Brustkorb aktiv hochgetragen, die Lungen öffnen sich der kommenden Einatmung, und gleichzeitig neigt sich der Kopf mit seiner Gedankenschwere zurück und ruht entspannt auf dem Scheitel.

Der Fisch läßt sich mit gestreckten Beinen oder im Lotus ausführen. Da aber der Lotus recht schwierig zu erlernen ist, wird die Ausführung mit gestreckten Beinen für die meisten Übenden die wesentlichere bleiben.

Legen Sie sich mit geschlossenen Beinen in die Rückenlage. Richten Sie die Arme unter den Körper, die Handflächen zeigen zum Boden, die Daumen berühren sich. Es entsteht ein Körpergefühl von Geschlossenheit. Stützen Sie sich auf die Ellbogen auf, heben Sie den Brustkorb weit nach oben. Das Brustbein ist der höchste Punkt des Körpers. Setzen Sie dann den Kopf nach hinten auf den Boden, so daß der Scheitel aufliegt. Trotz aktiver Durchstreckung der Brustwirbelsäule ensteht ein sanftes Gefühl der Offenheit. Zwischen den Schulterblättern erwächst die stärkste Dynamik. Entspannen Sie die Beine und den Unterkiefer. Nach unten ist der Körper lang wie ein Stab, oben entsteht ein Gefühl des Rundseins und der Entspannung.

Halten Sie die Stellung eine, maximal bis zwei Minuten. Entspannen Sie in der Rückenlage.

Der Fisch im Lotus wird ähnlich ausgeführt. Formen Sie den Lotus, stützen Sie sich auf die Ellbogen, ergreifen Sie mit den Händen die Füße und heben Sie den Bustkorb.

Der Fisch ist infolge seiner zentrierenden Wirkung von den anderen rückwärtsbeugenden Asanas zu unterscheiden. In der Übungsreihe wird er nach dem Schulterstand praktiziert.

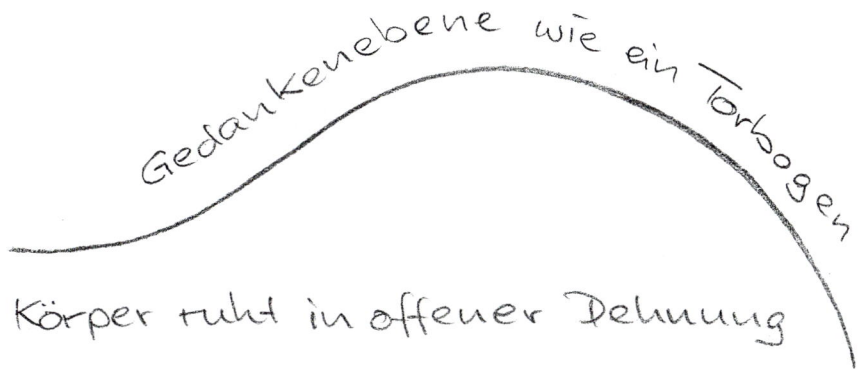

Imaginatives Erleben des Fisches

Das Rad
Chakrasana

Das Rad erscheint bildhaft wie ein weit aufgerichteter Brückenbogen. Der Körper ist dynamisch bewegt, das Gewicht ruht gleichmäßig auf den Handflächen und Fußsohlen. Mit einiger Ausdauer und Übung kann diese Asana auch noch von älteren Menschen erlernt werden. Wichtig ist vor allem, daß Sie die Bewegung zum Aufrichten nicht durch die Kraft der Arme und der Schulterpartie erzwingen wollen. Die Bewegungsdynamik entspringt einem inneren Impuls, der die Wirbelsäule in die geschmeidige Durchstreckung zu bringen vermag.

Beachten Sie den Stand auf den Füßen und Händen. Er bildet die solide Basis für ein gelöstes Durchstrecken. Das Bewutßsein ruht in diesem „Vierfußstand", Rumpf- und Rückenpartie werden dem dynamisch-leichten Bewegungsimpuls überlassen. Nur aus einer spielerischen Entschlossenheit kann dieser Impuls erwachsen. Die angenehme Weite der Atmung, und die Lebendigkeit im ganzen Körper, ist eine Folge des leichten Bewegungsansatzes. Wird dagegen das Hochrichten mit dem Druck der Arme und über fixierte Schultern erzwungen, entsteht Verkrampfung und Kraftverlust.

Legen Sie sich zur Ausführung in die Rückenlage, und ziehen Sie die Beine nahe heran, die Fußsohlen bleiben am Boden. Setzen Sie die Hände über die Schultern hinweg stabil nahe den Schulterblättern auf. Lenken Sie die Aufmerksamkeit auf die am Boden ruhenden Füße und Hände.

Die folgende dynamische Bewegung erinnert an jugendliche Unbefangenheit. Bei stabilem Stand wölben Sie mit der Ausatmung den ganzen Körper radförmig nach oben. Der Rücken gleitet durchlaufend in die lebendige Streckung. Während dieser dynamischen Phase kann das Gewicht zur Erleichterung auf die Zehenspitzen verlagert werden. Kehren Sie in der Endstellung aber wieder auf die Fußsohlen zurück.

Halten Sie die Stellung bis zu einer Minute. Die Aufmerksamkeit bleibt in den stabil aufgesetzten Händen und Füßen. Entspannen Sie dann wieder in der Rückenlage.

Der Bogen
Dhanurasana

Der Bogen wölbt sich, seiner Natur entsprechend, in die Spannung, damit der Pfeil in die Weite fliegen kann. Die Sehne ist fein, das Holz makellos. Der Bogenschütze nimmt das Holz genau in der Mitte, so daß sich die Spannung gleichmäßig nach oben und unten aufbaut. Die eine Hand wird sehr ruhig gehalten, die andere spannt enschlossen die Sehne. Der Pfeil fliegt in die Weite und erreicht durch die vortreffliche Aktivität sicher das Ziel.

Dhanurasana deutet auf die gesunde Spannkraft in der Wirbelsäule. Wie der Bogenschütze eine Hand sicher und ruhig am Holz fixiert hält, so bewahrt der Übende einen fixen Punkt im Körper bei. Dies ist die Körpermitte und entspricht dem Kreuzbein. Nach vorne richtet sich die Wirbelsäule bis zum Kopf in die Spannung hoch, nach hinten werden die Beine aktiv emporgestemmt. Die Arme halten den Bogen in der geschlossenen Form. Sie sind wie die feine Sehne, die durch den Bogenschützen gespannt wird und die geschlossene Form bewahrt. Die Arme ziehen nicht, sie passen sich nur dem kommenden Kraftimpuls an.

Bei Dhanurasana darf auch keinesfalls der Körper mit den Armen hochgezogen werden. Konzentration und Entschlossenheit sind zur sicheren Ausführung notwendig. Aus dem fixen Punkt, dem Kreuzbein, wächst der ganze Körper dynamisch in die weite Offenheit.

Die Ausführung beginnt in Bauchlage. Die Knie sind leicht voneinander entfernt. Winkeln Sie die Unterschenkel an und greifen Sie die Knöchel. Die Stirn ruht vorerst noch auf dem Boden.

Lassen Sie den Atem in seiner natürlichen Weite und im freien Rhythmus fließen. Richten Sie die Aufmerksamkeit auf das Kreuzbein am unteren Ende der Wirbelsäule. Unterkiefer, Nacken und Schultern bleiben von Anfang an entspannt.

Die Dynamik wächst durch das Bewußtsein der Weite. Führen Sie aus dem untersten Rücken die Oberschenkel wie auch den Brustkorb nach oben. Lassen Sie nach Möglichkeit die Spannung immer weiter wachsen. Die Ausführung darf ein bis zwei Minuten betragen. Entspannen Sie dann in der Bauchlage.

Das Rückwärtsbeugen und die Meditation

Das Wort Meditation wird auf vielfältige Weise und mit den unterschiedlichsten Bedeutungen und Abstufungen gebraucht.

Um eine einfache und doch möglichst exakte Erklärung von dem zu geben, was Meditation ist, muß ich vorweg darauf hinweisen, daß ich damit eine Sphäre der überpersönlichen Natur des Menschen, seinen kosmischen Wirkungsbereich anspreche. Meditation wird dem Menschen durch Bewußtseinsschulung vom Persönlichen ins Überpersönliche zuteil. Eine völlig neue Ebene, die nichts mit den herkömmlichen Gedankenmustern und Gefühlsstimmungen zu tun hat, öffnet sich für denjenigen, der sich bereitwillig mit seinem persönlichen Leben dem universellen Wirkungsfeld der Geistsphäre hingibt.

Das alte Identitätsbewußtsein weicht einem neuen Erfahrungsschatz durch das Erwachen der Meditation aus den feineren Ebenen des Geisteslebens. Damit dieses neue Fühlen und die verjüngende Kraft der Geistesebenen das Bewußtsein erfüllen, ist eine sorgfältige Seelenpflege notwendig: Besinnungspausen, wiederholte Übungen der Hingabe, Selbstüberwindung, Disziplin im Sprechen und Ordnung in den persönlichen Verhältnissen, tiefes Nachdenken und Sinnen über die Bedeutung von Selbstlosigkeit und Hingabebereitschaft gegenüber den Mitmenschen. Die eigenen Gedanken, die Gefühle und die Taten müssen rein werden, um die Meditation, die aus den Quellen des außerirdischen Lebens entspringt, zu erfahren. Meditation kann der Mensch nicht erreichen. Sie ist eine alles überragende Sphäre der überpersönlichen Wesenheit des Menschen. Durch die Reinheit im Denken, Fühlen und im Willen leuchtet der göttliche Funke in die Herzmitte und löst das Individuum aus den Bindungen der alten Erfahrungen mit ihrem illusionären Charakter. Meditation wird dem Menschen zuteil. Sie hängt nicht davon ab, wieviele Stunden in Übungen verbracht werden, sondern von der Reinheit des Denkens, des Fühlens und des Willens.

Was hat nun das Rückwärtsbeugen mit der Meditation zu tun? Um die Antwort bildhaft darzustellen hilft ein praktischer Vergleich: Kinder können sich sehr leicht nach rückwärts wölben. Sie kostet das weite Zurückneigen keinerlei Kraft. Die Wirbelsäule dehnt sich mit Leichtigkeit und dies ganz besonders bei den jüngsten. Dem Erwachsenen aber bereitet diese Bewegungsrichtung dagegen meist enorme Schwierigkeiten. Gerade jene Menschen, die in der Gesellschaft als starke Persönlichkeiten gelten, können sich am schlechtesten nach rückwärts beugen. So zeigt sich bildhaft der Zusammenhang zu dem persönlichen Leben. Je stärker das Persönliche ausgeprägt ist, desto mehr verliert sich die kindliche Seele. Es verliert sich auch die ursprüngliche Reinheit. In den Evangelien steht die so schöne Geschichte:

> Es kam ihnen der Gedanke, wer der Größte unter ihnen sei. Jesus aber durchschaute die Erwägungen ihres Herzens, nahm ein Kind, stellte es neben sich und sprach zu ihnen: Wer dieses Kind aufnimmt in meinem Namen, nimmt mich auf. Und wer mich aufnimmt, nimmt den auf, der mich gesandt hat. Denn wer der Kleinste unter euch allen ist, der ist ein Großer. (Lukas 9, 46—48)

Ähnlich wie ein Feuer erst zu brennen beginnt, wenn es entzündet wird, so lösen sich die Widerstände im Rücken erst durch den Zündfunken der höheren Erkenntnis. Lesen Sie sehr oft in heiligen Schriften. Beschäftigen Sie sich mit dem kosmischen Selbst, mit jener höheren Ich-Natur, die in jeder Menschenseele wartet, entdeckt zu werden. Die wiederholte Beschäftigung und Besinnung auf das geistige Leben im höheren Selbst bringt das Feuer der Erkenntnis zum Brennen.

Das Rückwärtsbeugen ist wie das Werden zu einem Kinde. Dies ist im Erwachsenenalter nur möglich, wenn die Geisteskraft einer höheren Welt aufgenommen wird. Das Lesen in den heiligen Schriften ist die praktische Hilfe, um ein meditatives Fühlen zu erlangen.

Meditation erfordert eine Erkenntnis. Sobald Sie bei sich selbst die Erfahrung sammeln, daß es Regionen des menschlichen Fühlens gibt, die nicht aus dem eigenen willentlichen Vermögen erreichbar sind, sondern nur durch die höhere Gnade des universellen Geiste Gottes gespendet werden, wissen Sie, was Hingabe und Ehrfurcht wirklich bedeuten. Sie sind selbst mit Ihrem höheren Ich-Wesen eins mit dem Meer des Unbegrenzten. Ihre wahre Natur ist wie der Anfang im Ende und wie das Ende im Anfang. Die Einheit existiert in immerwährender zeitloser Ebene. Das niedere Ich aber, das aus begrenztem Denken und körpergebundenen Gefühlen besteht, kennt diese Wahrheit nicht. Deshalb ist die wiederholte Hinwendung an geistiges Schriftgut die beste Art, die Erkenntnis zu dem Meditationsgeheimnis zu finden.

Durch die wiederholte Hingabe an Yoga-Asanas, in Verbindung mit dem Lesen von Schriften, dringt ein neues Licht in die Dunkelheit des Körpers. Yoga-Asanas sind von der Meditation nicht zu trennen. Die Praxis ist eine beständige Auseinandersetzung mit den sichtbaren und unsichtbaren Dimensionen, mit der Materie und dem Seelenleben, mit dem Irdischen und Außerirdischen. Die Schulung des Rückwärtsbeugens ist für Sie die aktive Verinnerlichung der außerirdischen, nur im Geiste bestehenden Kraftfülle. Reinheit und Hingabe, Selbstvergessenheit und kosmische Weite drücken sich in dieser Bewegung aus.

Asanas mit Drehung der Wirbelsäule

Nach den rückwärtsbeugenden Asanas ist eine Übung sinnvoll, die nicht unmittelbar eine Dehnung oder Anspannung erfordert. Das sensible Ausrichten und Entspannen der Wirbelsäule ruft ein Empfinden der Ordnung hervor. Eine Drehung der Wirbelsäule kann im Liegen, Sitzen oder im Stehen ausgeführt werden.

Hier werden nur zwei Stellungen beschrieben: der Drehsitz und die Liegende Drehung. Beide Asanas lassen sich vom technischen Anspruch der Ausführung her erleichtern oder erschweren. Die Anforderungen, die diese recht angenehmen Übungen stellen, bestehen im weiteren Loslassen des Körpers, das immer mit dem Ruhigwerden der Gedanken einhergeht.

Eine Übungsreihe ist wie eine Wanderung durch eine unbekannte Welt. Auf dieser Wanderung wird immer mehr zurückgelassen. Der Rucksack leert sich von Station zu Station, die Taschen werden leicht, der Körper dadurch unbeschwert. So steigt die Offenheit durch die Aktivierung und Harmonisierung des Nervensystems; in dieser Folge kann sich das Bewußtsein gegenüber der imaginativen Welt im einfachen Sinn und der schöpferisch inspirativen Welt der Gedanken im tieferen, gesteigerten Sinn öffnen. Gedankengelöstheit und Konzentration erwachen aus der Mitte.

Leichtigkeit, ein Gefühl der Freiheit und Ausgeglichenheit sind der Lohn, den Sie durch die Asanas erhalten. Diese angenehmen Empfindungen gedeihen nach dem inneren Schritt des Loslassens, nachdem der Mut zur bereitwilligen Hingabe des Körpers aufgebracht wurde. Nach der Ausführung einer Asana atmet die Seele frei, sie schwingt leise hinaus in die unbegrenzte Weite des Kosmos. Durch die verschiedenen Bewegungen dringen neue, bisher unbekannte Empfindungen in das Bewußtsein. Im Rückwärtsbeugen lebt Selbstvergessenheit, im Vorwärtsbeugen Selbstüberwindung, in den umgekehrten Stellungen Ausdauer und Konzentration. In den Drehübungen können die Empfindungen still nachklingen. Sie stehen deshalb am Ende der Übungsreihe. Während der Körper in diesen Asanas ruht, kann still und meditativ über das Leben nachgedacht werden. Viele Einfälle und Ideen, die in einer späteren Zeit Form und Inhalt gewinnen, werden in diesen Augenblicken durch die gelöste Gedankenebene in die bewußte Erfahrungswelt gebracht.

Die liegende Drehung
Nakrasana

Diese Bodenübung ist leicht und unkompliziert auszuführen. Keinerlei Krafteinsatz ist notwendig. Die ganze Aufmerksamkeit kann infolge der Entspannung des Körpers auf den Fluß der Gedanken gelenkt werden. Ist das Denken gleichmütig und frei, fließt der Atem weich und natürlich. Die Haut am ganzen Körper entspannt sich. Die Schultergelenke, die durch eigene ideenhafte Fixierungen eine große Sperre darstellen, werden schließlich gelöst und durchlässig. Auch die Kaumuskulatur, der Unterkiefer und die Stirn entspannen sich durch die Gelassenheit des Denkens. Leicht – so wie das Laub der Bäume im Herbst von den Ästen abfällt – lösen sich die Gedanken in der Ruhe des Augenblicks. Gedanken sind Wesenskräfte des Lichtes, sie sind nicht Besitz des Menschen. Lassen Sie diese Leichtigkeit in Ihrer Seele erwachen. Die Entspannung des Denkens ordnet Ihr ganzes Leben neu und macht Sie für höhere Erkenntnisse aufnahmefähig.

Beginnen Sie mit der Ausführung in Rückenlage. Nachdem Sie die Beine geschlossen haben, setzen Sie den rechten Fuß neben dem linken Knie auf. Drehen Sie sich auf die linke Seite, bis das rechte Knie den Boden berührt. Die linke Hand wird nun auf dieses rechte Knie gelegt, das während der ganzen Übung am Boden bleibt.

Während Sie die Wirbelsäule sanft aufrichten und in die Länge wachsen lassen, drehen Sie die rechte Schulter leicht in Richtung Boden. Die Drehung erfolgt nach rechts. Fassen Sie dann den Fuß des abgewinkelten Beines mit der rechten Hand von unten. Der Kopf wird behutsam in die Drehung nach rechts einbezogen.

Entspannen Sie sämtliche Gelenke an Armen und Beinen und vor allem die Schultern. Durch bewußtes Entspannen löst sich die Muskulatur um die Wirbelkörper, und die Drehung gelingt weiter. Der Atem fließt im freien Rhythmus und dringt als Welle in den gelösten Körper bis in die Mitte des Bauchraumes.

Halten Sie die Stellung zwei bis vier Minuten mit bewußter Aufmerksamkeit. Üben Sie dann die andere Seite und entspannen Sie kurz in Rückenlage.

Der Drehsitz
Ardha Matsyendrasana

Die Stellung ist eine klassische Yoga-Asana, die dem sagenumwobenen Matsyendra, einem großen indischen Heiligen, gewidmet ist. So soll, nach einer bekannten Geschichte von den Uranfängen des Yoga, der Gott Shiva seiner Gattin Parvarti die Gesamtzahl aller 8 400 000 Yoga-stellungen gelehrt haben. Parvarti erhielt den Auftrag, alles niederzu-schreiben und die Botschaft an die Menschheit weiterzugeben. Wäh-rend der endlosen Rede von Shiva wird Parvarti müde und schläft schließlich ein. Die Botschaft wäre nie zu den Menschen gelangt. Ein Fisch aber, der seinen Kopf hellhörig und interessiert aus dem Wasser erhebt, lauscht der Botschaft des Shiva. Dabei wandelt sich der Fisch zu einer großen Gottheit, er wird zu Matsyendranatha und überbringt schließlich der Menschheit als ein Heiliger den von Shiva begründeten Yoga. Matsyendra zählt zu den Begründern des Hatha Yoga.

Die Ausführung kann der individuellen Flexibilität entsprechend, mit erleichterter Bein- und Armstellung erfolgen. Dies ist der halbe Dreh-sitz oder Ardha Matsyendrasana. Die Wirbelsäule darf keinesfalls in die Drehung gezwungen werden. Die Asana drückt die Sensibilität des verfeinerten menschlichen Willens aus. Wie die Töne einer Musik in Dur aufwärtsgleiten, erhebt sich die Wirbelsäule in die Drehung.

Die dynamische Phase beginnt im Fersensitz. Setzen Sie sich rechts neben die Füße auf den Boden. Der linke Fuß wird über das rechte Knie gestellt. Richten Sie den Rücken aus dem Becken heraus bis über die Brustwirbelsäule hoch.

Die Armstellung ist variabel. Achten Sie auf die gleichmäßige Höhe Ihrer Schultern, und lassen Sie den Rücken beständig aufgerichtet. Greifen Sie mit dem rechten Arm entlang der Außenseite des linken Beines, bis Sie den linken Fuß fassen können. Die linke Hand wird seit-lich nach hinten aufgestützt.

Eine empfehlenswerte Armvariation besteht im Durchgreifen der rech-ten Hand unter der linken Kniekehle. Mit der linken Hand wird von der rückwärtigen Seite her die rechte ergriffen.

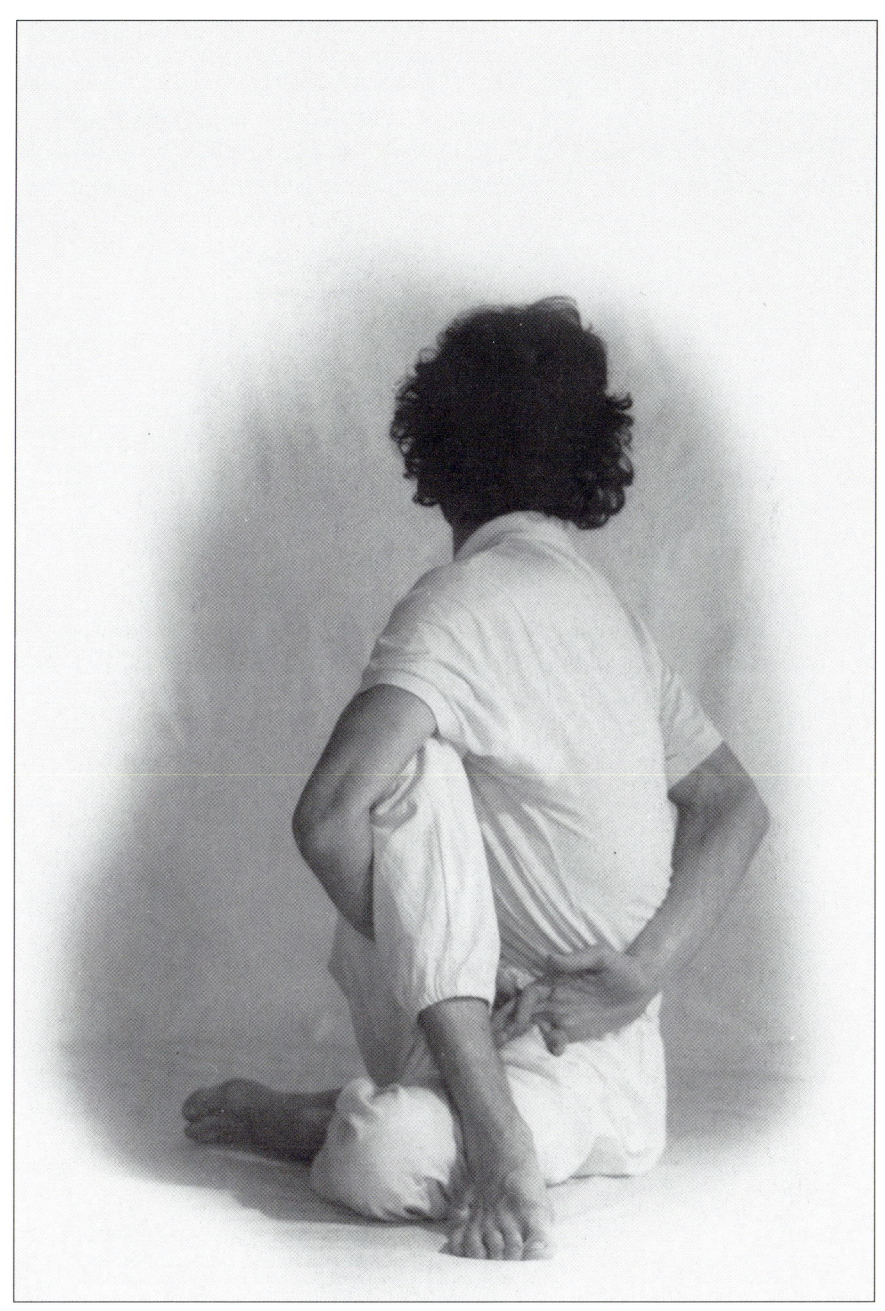

Während die Beine und Arme in die Stellung gerichtet werden, verspannt sich meist der Schultergürtel und die Wirbelsäule sinkt wieder aus der vertikalen Aufgerichtetheit.

Achten Sie nun auf entspannte Schultern, auf gelöste Arme und Handgelenke. Während das Bewußtsein mit seiner sensiblen und lösenden Wärme über die oberen Körperpartien streift, kann die Wirbelsäule sich ohne Anstrengung aufrichten und sich gleichzeitig harmonisch in die Drehung winden.

Ein in allen Teilbereichen (Lenden-, Brust- und Halswirbelsäule) gleichmäßiges Aufrichten und Drehen ist nur bei entspanntem Oberkörper möglich. Lassen Sie das Hochwachsen der untersten Wirbelsäule aus sich selbst heraus geschehen. Die Drehung wächst mit der Gelöstheit des Denkens. Halten Sie den Drehsitz eine bis fünf Minuten. Wechseln Sie die Seite, und halten Sie die Stellung für die gleiche Zeitdauer.

Vermeiden Sie träumende Phasen. Sensibel fließt der Atem in die Gewebe und Zellen und belebt wie ein wärmender Hauch von innen her. Die Aufmerksamkeit kostet dabei keine Anstrengung, nur Bewußtheit gegenüber dem Körper und den mit ihm verbundenen Gefühlen.

Das sorglose Gesicht
Gomukhasana

In den Gesichtszügen eines Menschen spiegeln sich die hohen Werte der glaubenden Liebe, die sich in Dankbarkeit, Achtsamkeit, Respekt, Bescheidenheit und Hilfsbereitschaft ausdrücken, wider. Weich und sorglos, mit lichten Augen strahlt ein religiös empfindender Mensch. Die Religion im Herzen gibt die stille Gewißheit vom ewigen Leben und das Vertrauen zu höheren Führungskräften und Mächten, die über die Gedankenebenen hinausreichen. Ein Mensch ohne Religion ist leidend und getrieben. Sanftheit, Vertrauen und Sicherheit entsteht erst durch die Rückverbindung zum ureigenen Wesenskern, zum Geiste, von dem alles Leben ausströmt.

Gomukhasana ist eine sehr ruhige Bewußtseinsübung. Nehmen Sie zur Ausführung die Fersensitzhaltung ein. Setzen Sie sich links von den Beinen auf den Boden, und schlagen Sie das rechte Bein über das linke, so daß die Knie übereinander sind und die Füße links und rechts neben den Hüften auf dem Boden.

Die Wirbelsäule wird vom Beckenboden ausgehend aufgerichtet. Gleiten Sie mit den Armen weit ausholend zur Seite und nach oben. Führen Sie die rechte Hand hoch zum linken Schulterblatt, und fassen Sie schließlich von oben herab mit der linken Hand die rechte. Der Ellbogen des linken Armes bleibt senkrecht hochgestellt, der Kopf mit der Wirbelsäule im Lot.

Vergessen Sie ganz die beengenden Gefühle, die in Armen und Schultern entstehen. Lassen Sie den Atem ganz frei und leicht fließen. Wechseln Sie nach einigen wenigen Minuten die Arme und auch die Beinstellung. Halten Sie auch die andere Seite für die gleiche Zeitdauer.

Falls die Sitzhaltung zu schwierig ist, kann auch der Fersensitz eingenommen werden. Eventuell gelingt es nicht sofort, daß die Hände hinter dem Rücken ineinander greifen. In diesem Fall lassen Sie die Hände nur anliegen, achten Sie aber darauf, daß die Wirbelsäule aufgerichtet, die Ellbogen wirklich vertikal hochstehen und der Kopf im Lot ist.

Gomukhasana eignet sich ergänzend zum Drehsitz. Die sensibilisierende Wirkung auf das Nervensystem steigt mit der Haltedauer.

Die Gleichgewichtsstellungen

Zu den Gleichgewichtsstellungen zählen der Schulterstand, der Baum, die Zehenspitzenstellung und, wegen der ähnlichen Wirkungsweise, das Andreaskreuz und die Gebetshaltung.

Diese Stellungen erfordern ein sorgfältiges Aufrichten des Rückens und ein exaktes Postieren der Gliedmaßen. Bei Konzentration strömt schon nach wenigen Sekunden ein Gefühl der Ruhe und Ausgeglichenheit durch die Körpermitte. Die gesamten Gleichgewichtsstellungen sind sehr sensible Übungen. Das Bewußtsein erwacht in feineren Ebenen des Erlebens.

Die Gleichgewichtsstellungen werden in Verbindung mit einer Übungsreihe praktiziert. Nach den rückwärtsbeugenden Asanas und den Drehübungen wird durch sie die Aufmerksamkeit gesammelt. Es erscheint günstig, zwei Stellungen miteinander zu verbinden. Der Baum läßt sich gut mit dem Andreaskreuz ergänzen, die Zehenspitzenstellung entweder mit dem Andreaskreuz oder mit der Gebetshaltung. Der Schulterstand paßt durch seine vielseitige Bedeutung und Wirkungsweise besser an den Anfang als ans Ende einer Übungsreihe.

Der Baum
Tadasana

Die wichtigste aller Gleichgewichtsstellungen ist Tadasana, der Baum. Der Übende steht aufrecht, balanciert auf einem Bein und hält die Hände auf Herzhöhe aneinandergefaltet. Das heilige Geheimnis des höhere Selbst lebt in der ätherischen Welt des Herzens. Dieses höhere Selbst ist das Höchste. Für die Welt bleibt es immer ein heiliges Geheimnis. Die Geste der gefalteten Hände auf Herzhöhe wird in Indien zur Begrüßung genommen, im Westen ist sie die übliche Gebetshaltung. Die Geste drückt bildhaft Anerkennung und Achtsamkeit aus. Diese inneren Werte können zu einem Menschen, zu einem Lehrer, zu einem höheren Gesetz, zum Leben oder unmittelbar zum Geiste Gottes gerichtet sein.

Achten Sie bei Tadasana auf eine saubere Form der Ausführung. Die Augen bleiben geöffnet, da der Sehsinn mit der räumlichen Orientierung zu einem natürlichen Gleichgewicht verhilft. Sie sollten jedoch keinen bestimmten Punkt fixieren. Der Gesichtssinn tritt leise hinter der inneren Aufmerksamkeit zurück.

Stellen Sie sich stabil mit dem rechten Bein auf die Unterlage. Ziehen Sie den linken Fuß nach oben und winkeln Sie ihn nach Möglichkeit in die Leistenbeuge oder setzen ihn an die Innenseite des Oberschenkels. Die Höhe des Beines kann variiert werden.

Richten Sie den ganzen Körper sanft über die Hüfte und den Rumpf auf und entspannen Sie gleichzeitig die Schultern und den Brustkorb. Falten Sie die Hände auf Herzhöhe aneinander.

Entspannen Sie die Stirn, die Kopfhaut, die Schläfen, den Nacken und den Kehlkopf. Halten Sie die Stellung bis zu einer Minute und wechseln Sie dann die Beinstellung.

Die Zehenspitzenstellung
Padandgushtasana

Solange der Körper auf beiden Fußsohlen steht, ist eine natürliche Stabilität gegeben. Auf den Zehenspitzen nun ist erhöhte Aufmerksamkeit erforderlich. Jede kleine Veränderung im Körper oder in der Umgebung wirkt sich störend aus. Durch das Bewußtsein der Innerlichkeit entsteht Konzentration und diese führt zum Gleichgewicht des Körpers.

Die Ausführung beginnt in der Fersensitzhaltung. Richten Sie sich auf die Zehenspitzen auf und bringen Sie sogleich den Rücken ins Lot. Die Knie bleiben geschlossen. Entspannen Sie die Schultern und falten Sie die Hände auf Herzhöhe aneinander.

Die Asana wird bis zu zwei Minuten gehalten. Während dieser Phase eignet sich folgende Armvariation: Führen Sie in einer langsamen, bewußten Bewegung die gefalteten Hände vor dem Körper nach oben, bis sie mit gestreckten Armen direkt oberhalb des Kopfes wie die Spitze einer Pyramide aufgerichtet sind.

Die Beinvariation erfordert ein großes Maß an Ruhe, Beweglichkeit in der Hüfte und eine stabile Beinmuskulatur. Winkeln Sie dazu aus der Fersensitzhaltung den rechten Fuß in die Leistenbeuge, verlagern Sie das Gewicht auf den linken Fuß und erheben Sie sich in den Zehenspitzenstand. Falten Sie die Hände aneinander und führen Sie, wenn möglich, die Arme wie bei der Grundstellung gestreckt über den Kopf.

Die Zehenspitzenstellung wie auch die Baumstellung lassen sich gut mit dem *Andreaskreuz* kombinieren. Das Andreaskreuz ist eine einfache, stehende Stellung.

Nehmen Sie eine stehende Haltung mit gespreizten Beinen ein. Der Abstand der Füße beträgt etwa 80 cm. Führen Sie die Arme seitlich nach oben, bis die Hände ebenfalls in einem Abstand von 80 cm sind. Kehren Sie sodann die Handflächen nach innen und hinten. Richten Sie sich auf die Zehenspitzen auf.

Eine weitere einfache Stellung ist die Gebetshaltung. Geben Sie im Fersensitz die Arme seitlich waagrecht nach außen. Winkeln Sie die Unter-

114

arme im rechten Winkel nach oben, die Handflächen sind nach vorne gewendet.

Diese Stellung kann ebenfalls nach dem Baum oder der Zehenspitzenstellung ausgeführt werden.

Die Gleichgewichtsstellungen und das geistige Sinnesorgan

Eine Waage befindet sich im Gleichgewicht, wenn auf beiden Seiten das gleiche Gewicht ruht. Überwiegt eine Seite, so fällt der Balken entsprechend dem Übergewicht ab.

Der Mensch strebt in seinem Leben nach vielfältigen Zielen. Er trachtet nach Verwirklichung von Vorstellungen, die durch Vorbilder und idealistische Gedanken geprägt werden. Würde sich ein Mensch seelisch wie körperlich immer im Gleichgewicht befinden, müßte er nur wenig Schaffenskraft für höhere Ziele und zur Verwirklichung geistiger Ideale aufbringen. Das beständige Auf und Nieder des Lebens bringt unbekannte Kräfte mit individuellen Wesenszügen. Das ganze Dasein wird vielfältig, abwechslungsreich und interessant.

Einen beständigen Gleichgewichtszustand im Seelenleben wie auch in der körperlichen Gesundheit gibt es nicht, auch nicht für den äußerlich ausgeglichensten Menschen. Die Waage neigt sich einmal mehr zur Seite des Leides, einmal mehr zur Seite der Freude. Die meisten Menschen verfallen einer illusionären Hoffnung und möchten möglichst nur freudvolle Tage erleben. Darin aber kann die Wahrheit nicht liegen. Auf das Gefühl des Erfolges mit Freude und Zuversicht folgt unweigerlich die andere Seite. Leid, Kummer und Traurigkeit in der Seelenstimmung schwingen immer wieder ins Dasein herein.

Der Wind bewegt die Zweige der Bäume, die Halme auf den Wiesen, die Wellen auf dem Meer und die Wolken am Himmel. Das Licht aber kann der Wind nicht bewegen, er kann nur Materielles erfassen.

Die Sonne, die große Licht- und Liebesquelle, ist das geistige Herz des Menschen. Dieses Herz kann nicht im materiellen Sinnesfeld, sondern nur im übersinnlichen Wahrnehmen und Erkennen allein gefunden werden. Das Gleichgewicht existiert im überpersönlichen kosmischen Leben und als immerwährende Quelle spendet es Ruhe und Gleichmut. Durch die Kraft der Erkenntnis und Hingabe an die unendliche Natur des Geistes erwacht dieses großartige Bewußtsein. Da es im persönlichen Leben und in den wechselseitigen Verhältnissen immer zu Schwankungen kommen muß, darf man nicht der Versuchung verfallen, das Gleichgewicht willentlich anzustreben oder durch besondere Techniken zu erarbeiten. Diese Bestrebungen lassen nur eine äußere Veränderung, aber kein wirkliches Gleichgewicht finden.

Führen Sie die Gleichgewichtsstellungen möglichst oft aus. Gerade diese Stellungen sind wie ein stilles Gebet ohne Worte. In den ruhigen Phasen wird Ihnen der Körper auf meditative Weise bewußt. Das Gemüt kommt zur Ruhe, und wenn Sie Ausdauer und Geduld in Ihrer Praxis bewahren, öffnet sich das geistige Sinnesorgan des Gleichgewichts. Dieses geistige Sinnesorgan, das den Sitz in der Nähe des physischen Herzens hat, schenkt die Ahnung von der höheren Hierarchie der übersinnlichen Welt.

Die göttliche Freude, die sich im geistigen Sinnesorgan des Gleichgewichts offenbart, ist tiefste Dankbarkeit und eine Liebe, die nicht aus den persönlichen Gefühlen hervorgeht. Die ganze Welt erwacht im Lichte der feineren und dennoch intensiven Feuerflamme ihrer eigenen Seele. Die göttliche Freude brennt ohne jegliche sichtbare Spur und wärmt Ihr Gemüt mit einer nie gekannten Entzückung. Die Gefühle des Leides und der gewohnheitsmäßigen Freude schweigen in den Augenblicken des Geisterwachens.

Tief verändert sich das ganze persönliche Leben, und die Seele wächst durch die neue Welt des Lichtes, die sich als eine Kraft immer mächtiger in die Natur der Gedanken und Gefühle hineinarbeitet.

Diese Erfahrungen der Tiefe werden als ein Geschenk, als eine Gabe zuteil. Finden sie in Ihre Seele Eingang, eröffnen sich viele Geheimnisse der heiligen Schriften in ihrer tiefen Bedeutung und weisheitsvollen Aussage. Die Erfahrungen der innersten Sinneswelt, die aus dem Licht Ihrer Seele selbst entstehen, sind eine neue Kraftquelle, die die tiefste Empfindung zu berühren vermag und dadurch das ganze Dasein mit klaren Augen erschauen läßt. Die Gleichgewichtsstellungen sind unmittelbare Bewußtseinsübungen, die zur Erinnerung der geistigen Welt beitragen. Das physische Herz des Menschen wird zu einem geistigen Sinnesorgan.

Die Dreiecksstellungen

Den Mittelpunkt der ganzen christlichen Mystik bildet die Dreifaltigkeit: Vater, Sohn und Heiliger Geist. Drei verschiedene göttliche Aspekte, die in der Hierarchie der geistigen Weltordnung sehr unterschiedliche Ebenen bezeichnen und doch miteinander eine Einheit bilden, treten uns im christlichen Glauben entgegen. Vergleicht man diese Dreifaltigkeit mit der hinduistischen Mystik, findet man ganz andere Bezeichnungen mit einer völlig anderen Ordnung: mit Shiva, dem Zerstörer, Vishnu, dem Erhalter, und Brahma, dem göttlich-menschlichen Aspekt. Obwohl die Entstehungsgeschichte des Hinduismus mit all seinen traditionellen Überlieferungen weit zurückreicht und gänzlich unabhängig von der christlichen Mystik entstanden ist, wird auch hier die göttliche Ordnung, die eine übersinnliche Realitätsebene ist, in der Dreiheit dargestellt.

Die Zwei bedeutet Polarität, die Drei Verbindung, Einheit. So verbreitete religiöse Weltbilder wie das Christentum oder der Hinduismus beschreiben mit ihrer übersinnlich-inspirativen Sichtweise die göttliche Welt in der Dreiheit. Keiner der Aspekte kann für sich allein stehen. Durch die ineinandergreifende Verbindung gewinnt die Dreiheit erst ihre Bedeutung − sowohl im einzelnen der Aspekte als auch im immerwährenden Zusammenwirken aller drei.

Die Zahl Drei hat in den mystischen Schriften eine wichtige Bedeutung. Die Religionen beschreiben die tiefen Gesetze des Lebens und die Wege, um aus den polaren Gegensätzen des gewöhnlichen Sinneslebens zu Einheit und Gottesverbindung zu gelangen. Zu den Gegensätzlichkeiten des Lebens, zu Freude und Leid, zu Ehrfurcht und Stolz, zu Gesundheit und Krankheit, zu Aufbau und Verfall, zu Tag und Nacht, zu Himmel und Erde muß eine neue Wesenskraft, die ihrer Natur nach rein geistiger Art ist, hinzukommen. Diese Kraft ist das Dritte, das, was die Dreiecksform erst entstehen läßt. In der Natur selbst existiert kein Dreieck. Durch das menschliche Erkenntnisvermögen aber erwacht das Bild des Dreiecks und kann als ein Symbol mit tiefem Sinngehalt empfunden und dargestellt werden.

Die Schenkel des Dreiecks ragen nach oben und bilden einander berührend die Spitze. Das Dreieck ist ein Symbol der Kraft durch das Prinzip der Einheit und Verbindung. Der Yogaübende führt die Dreiecksstellung mit bewußter Anteilnahme aus. Für ihn ist diese Stellung eine stille Erinnerung an das im Geiste existierende Kraftpotential. Die Dreiecksstellungen sind keine anstrengenden Asanas, sondern sehr feine Bewußtseinsübungen. Der Körper bewegt sich leicht und nur so weit, wie es die Widerstände zulassen. In der Bewegung, die sich aus der Leichtigkeit und Wärme der Gliedmaßen ergibt, löst sich das Bewußtsein aus den körperlichen Bindungen und kann sich der neuen Einordnung übergeben. Schöpferische Gedanken, neue Kraft und sensitive Fülle fließen dem Übenden zu, wenn er sich mit gelöstem Denken den verschiedenen Dreiecksstellungen hingibt.

Das Dreieck im Stehen
Trikonasana

Den Abschluß der Übungsreihe bildet Trikonasana, das Dreieck im Stehen. Nach Ausführung einiger ruhigerer Asanas, die zur Verinnerlichung der erweckten Impulse und zur Harmonisierung der Körperströme beitrugen, folgt eine Asana im Stehen, die auf einfache Weise die ganzen bisherigen Erfahrungen zusammenfaßt.

Trikonasana erfordert keine Anstrengung, jedoch noch einmal eine sorgfältige Spannungsverteilung. Bevor die Endentspannung eingenommen wird, gleitet der Körper in die Bewegung nach links, dann nach rechts und findet schließlich im Aufrichten in der Mitte die Bewußtheit von Weite, Einordnung der eigenen Persönlichkeit und Anerkennung des Lebens, das als Geschenk aus höherer Quelle gegeben ist.

Ein Haus steht auf sicherem Boden, wenn die Grundmauern aus solidem Gestein gemauert, gut versenkt und sorgfältig verfugt sind. Achten Sie bei der Ausführung vor allem auf einen stabilen Stand. Sobald die Grundmauern des Hauses nachgeben oder rissig werden, gerät das ganze Obergeschoß in die Gefahr des Einsturzes. Nehmen Sie sich Zeit, um die Beinstellung, die Hüfte und den unteren Rumpf exakt und zugleich spannungsfrei zurechtzurichten.

Zur Ausführung werden die Füße etwa einen Meter auseinander gestellt, so daß der Stand das Bild eines gleichschenkeligen Dreiecks beschreibt. Die Füße stehen parallel nach vorne gerichtet. Lassen Sie den Oberkörper mit Armen, Schultern, Nacken und Brustkorb entspannt, damit die Standposition in eine natürliche Ruhe sinken kann. Jede Spannung im Oberkörper verhindert die sich sammelnde Stabilität in den Beinen. Bleiben Sie deshalb vorbereitend eine Minute bewußt stehen, damit aus der Gelassenheit Stabilität im Stand entstehen kann.

Führen Sie dann den rechten Arm vertikal am Kopf entlang nach oben, den linken waagrecht nach außen, die Handflächen nach unten. Lassen Sie den Atem leicht und natürlich fließen. Die Arme sind zwar gestreckt, die Gelenke der Schultern, Ellbogen und Hände jedoch entspannt. Gleiten Sie in einer sanften Bewegung weit auf die linke Seite hinaus. Der Körper bleibt in einer Ebene, das Becken darf nicht nach vorne kippen aber auch ein Hohlkreuz soll vermieden werden. Achten Sie auf entspannte Schultern. Die linke Hand kann sanft am Bein entlang abwärts gleiten. Halten Sie die Stellung in der Endphase etwa eine halbe Minute und wechseln Sie dann zur rechten Seite.

Der Stand ist das Grundlegendste bei Trikonasana. Die Stabilität des Körpers erwächst aus dem gelassenen Ruhen in sich selbst. Wie ein Baum, dessen Äste vom Wind bewegt werden, gleitet der Übende mit Oberkörper und Armen nach beiden Seiten wechselnd hinaus.

Die Bewegung, die leicht und ohne Anstrengung gleitet, spendet Offenheit und verfeinert die Wahrnehmung der Sinne. Eine bis zu dreimal wiederholte Ausführung, nach links und rechts wechselnd, ist bei Trikonasana günstig.

Dreieck mit Drehung
Parivrtta Trikonasana

Diese Variation der Grundstellung läßt sich leicht und ohne Krafteinsatz ausführen. Strecken Sie die Arme waagrecht nach beiden Seiten. Der Stand ruht stabil, die Schultern wie auch der ganze Oberkörper sind entspannt. Drehen Sie sich um die eigene Achse mit dem Oberkörper um neunzig Grad nach rechts und beugen Sie die Wirbelsäule nach vorne bis die rechte Hand den linken Knöchel berührt. Der linke Arm zeigt vertikal nach oben. Folgen Sie mit dem Blick dem Arm nach oben.

Eine Dynamik im unteren Rumpf und Rücken ist für diese Asana wichtig, so daß der Körper nicht nur passiv gebeugt, sondern aktiv geführt und gedreht wird. Halten Sie die Stellung jeweils auf beiden Seiten für die durchschnittliche Dauer von einer Minute.

Das liegende Dreieck
Anantasana

Ein Dreieck besteht aus einer Grundlinie, zwei hochragenden Schenkeln und der Spitze. Als erstes muß die Grundlinie erarbeitet werden. Sie bildet die Basis und bestimmt durch ihre Länge Höhe und Winkel des Dreiecks. Die gerade Linie des seitlich am Boden liegenden Körpers ist diese Grundlinie. Mit sorgfältig erarbeiteter Basis gelingt die anschließende dynamische Aufrichtebewegung leichter.

Nehmen Sie zuerst die Rückenlage ein. Strecken Sie den rechten Arm am Kopf entlang nach oben und drehen Sie sich auf die rechte Seite, die rechte Handfläche zeigt nach oben. Achten Sie nun auf eine möglichst gerade Linie, von den Füßen beginnend bis zur gestreckten Hand. Lassen Sie den Körper, der sensibel in der Seitenlage liegt, zur Ruhe kommen.

Die folgende dynamische Bewegung erinnert an tänzerische Leichtigkeit. Heben Sie das linke Bein gestreckt nach oben, bis Sie mit der linken Hand den Fuß fassen können. Entspannen Sie in der statischen Phase die Schultern, behalten Sie die Längsstreckung des Körpers aber weiterhin bei. Das Bein und der Arm richten sich mit einiger Übung ohne Anstrengung nach oben auf.

Halten Sie die Stellung bis zu einer Minute und wechseln Sie dann zur anderen Seite.

Das Dreieck erfordert ein bewegliches Hüftgelenk und eine feine Aufrichtedynamik. Die Atmung gewinnt Leichtigkeit und Weite, wenn das Denken gelöst vom Körper zugelassen wird.

Eine leichtere, ergänzende Dreiecksstellung ist in direkter Rückenlage möglich. Da sie sehr zentrierend auf das Sonnengeflecht wirkt, kann sie vorbereitend für den Kopfstand praktiziert werden.

Schließen Sie zur Ausführung die Beine. Heben Sie das rechte Bein gestreckt an und fassen Sie es mit der rechten Hand an den Zehen. Das linke Bein bleibt gestreckt am Boden liegen. Lassen Sie das hochragende Bein und den Arm möglichst leicht. Wechseln Sie nach einer halben Minute zur anderen Seite und entspannen Sie dann.

Übungszyklus

Das Sonnengebet
Surya Namaskar

Das Wort Surya bedeutet Sonne, Namaskar heißt Begrüßung. Dieser aus 12 Teilbewegungen bestehende Übungszyklus wird nach der indischen Tradition am frühen Morgen, bei aufgehender Sonne, ausgeführt. Die Begrüßung ist eine bewußte Hinwendung zu dem Geist der Sonne, der Lebenskraft und Licht aus den kosmischen Höhen spendet.

Das Sonnengebet steht am Anfang der Übungsreihe. Der Körper wird dem fließenden Wechsel von Dehnungen nach rückwärts und vorwärts hingegeben, um die Wärme und Vitalkraft des aktiven Stoffwechsellebens zu erwecken.

Wie der Name schon sagt, beschreibt die Bewegung Hingabe und Anerkennung eines größeren Gesetzes, die Anerkennung der Wirkungskraft der Sonne, das Gebet an die Sonne.

Die Übung wird als fließende Bewegung ausgeführt. Durch ihre Wiederholung lockert sich die Muskulatur des Rückens und der Gliedmaßen. Die gesamte Blutzirkulation steigt bis in die Peripherie. Das Sonnengebet kann bis zu 20mal wiederholt werden. Verinnerlichen Sie dabei aber die Haltung, da es sich um ein wirkliches Gebet handelt.

Die Bewegungen wachsen durch die Bewußtheit zu Form und Perfektion. Zwingen Sie den Körper nicht in die Dehnungen, sondern achten Sie auf die fließende und gelöst-leichte Bewegung. Aus der Offenheit erwächst die Spannkraft, aus der Konzentration die Leichtigkeit, aus der Leichtigkeit die Dehnung im Rücken. Mit zunehmender Übung kann das Sonnengebet in sauberer Form und feingesteuerter Bewegung ausgeführt werden.

Vorwärts- und Rückwärtsbeugen fließen im Wechsel ineinander. Der Atem verbindet sich mit der öffnenden und schließenden Dynamik. Lassen Sie die Bewegungen immer leichter werden, die Dehnungen allmählich wachsen. So gewinnt der Ausdruck an Harmonie. Atem und Bewegung fließen schwerelos ineinander über. Der Körper wird dem Fließen der Bewegung zunehmend hingegeben.

Die Ausführung des Sonnengebets führt neben der angenehm aktivierenden Belebung zu einem tatsächlichen Längerwerden des Körpers. Dieses systematische Längsdehnen des gesamten Körpers soll wirklich bewußt zugelassen werden. Der Übende gibt sich der Dehnung hin, er läßt das Wachsen aus der inneren Quelle seiner Begeisterung entstehen.

Gerade beim Sonnengebet am Anfang der Übungsreihe sollen die Bewegungen lebendig und doch hingebungsvoll ins Fließen gebracht werden. So führt dieser Zyklus zu einer angenehmen Offenheit mit Wachheit und Kraftfülle. Das Längerwerden des Körpers würde durch eine gedankliche Zielsetzung nur verhindert werden. Über die Beine, Hüften, den Rücken und die Arme bis hinein in Hände und Fingerspitzen gleitet der dynamische Impuls des Dehnens.

Zur Ausführung:

1. Richten Sie die Wirbelsäule im Stehen sanft bis zum Scheitel hoch.
   Die Beine sind geschlossen, die Augen sollten zur Raumorientie-
   rung geöffnet bleiben. Falten Sie die Hände auf Herzhöhe aneinander und besinnen Sie sich auf den Körper. Der Körper ist die Wohnstatt der Seele. Atmen Sie aus.

2. Wachsen Sie mit den Armen gestreckt über den Kopf nach oben.
   Die Handflächen bleiben zusammen, der Kopf zwischen den
   Armen. Der Körper wölbt sich halbmondartig in die zweite Bewe-
   gung. Setzen Sie den Bewegungsimpuls bis in die Fingerspitzen hin-
   ein fort. Vermeiden Sie ein Abknicken in der Lendenwirbelsäule.
   Während der öffnenden Bewegung wird leicht und weit eingeatmet.

3. Gleiten Sie mit dem nächsten Impuls nach vorne und legen Sie die
   Handflächen neben den Füßen auf den Boden. Die Finger schließen mit den Zehenspitzen ab. Falls diese Bewegung noch zu
   schwierig ist, können die Knie so weit wie nötig abgewinkelt werden. Atmen Sie aus.

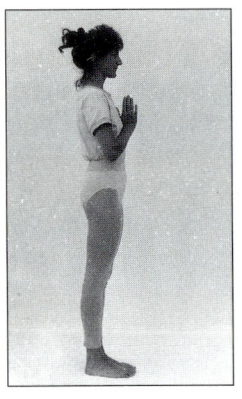

1

2

3

4. Lassen Sie die Hände immer am selben Ort und führen Sie das rechte Bein weit nach hinten. Das Knie berührt den Boden. Richten Sie während dieser Bewegung gleichzeitig die untere Rückenpartie auf. Kopf und Schultern bleiben erhoben, jedoch entspannt. Bei dieser Bewegung wird eingeatmet.

5. Führen Sie beide Beine parallel nach hinten. Die Arme tragen die Last des Körpers, der in einer durchlaufenden Streckung möglichst leicht gehalten wird. Der Körper bildet eine schiefe Ebene. Der Atem wird angehalten.

6. Setzen Sie der Reihe nach zuerst die Knie, dann den Brustkorb und schließlich die Stirn auf den Boden. Die Schultern sind direkt über den Händen. Atmen Sie aus.

4

5

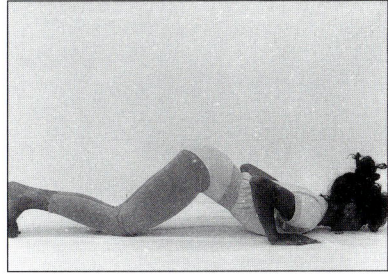

6

7. Entspannen Sie die Schultern und lassen Sie den ganzen Körper auf den Boden gleiten. Geben Sie den Kopf in den Nacken und richten Sie die Wirbelsäule aus dem Rücken in einem Bogen auf. Stützen Sie sich dabei nicht auf die Hände. Atmen Sie während des Aufrichtens ein.

8. Führen Sie nun mit Händen und Füßen die Hüften an den höchsten Punkt, indem Sie sich auf die Füße stellen. Der Körper bildet ein Dreieck. Verlagern Sie das Gewicht weit in Richtung Beine, so daß die Fersen nahe zum Boden kommen. Atmen Sie dabei aus.

9. Geben Sie in einer dynamischen Bewegung den rechten Fuß nach vorne zwischen die Handflächen und erheben Sie die Wirbelsäule beim entspanntem Nacken- und Schulterbereich. Atmen Sie ein.

9

8

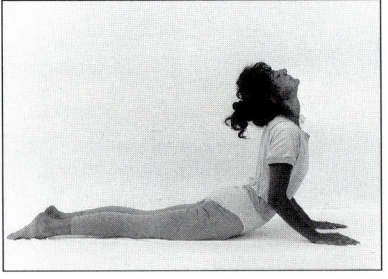

7

132

10. Führen Sie dann auch den linken Fuß nach vorne. Die Hüften sind vollständig aufgerichtet. Der Körper ist langgestreckt wie in der Bewegung 3. Atmen Sie aus.

11. Gleiten Sie nun mit den Armen weit nach vorne und schließlich nach oben über den Kopf. Der Körper wird wieder halbmondförmig der Streckung hingegeben. Eine weite Einatmung erfolgt mit der Bewegung.

12. Senken Sie die Arme und nehmen Sie die normale Standposition wie bei 1. ein.

Wechseln Sie anschließend zum linken Bein in der 4. und 9. Bewegung.

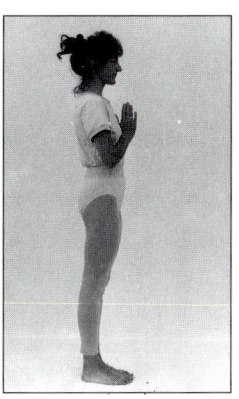

12

11

10

Eine Runde Sonnengebet besteht aus 2 Zyklen, insgesamt aus 24 Teilbewegungen. Nehmen Sie während der Ausführung des Sonnengebets den Atem leicht und ohne jeden Zwang entgegen. Während des Rückwärtsbeugens erfolgt die Einatmung, mit dem Vorwärtsbeugen die Ausatmung. In der 5. Bewegung wird der Atem angehalten.

Für die 12 Bewegungen zusammen empfiehlt sich eine durchschnittliche Zeitdauer von 20 Sekunden. Üben Sie nur die ersten Runden langsamer, dann dynamisch-fließend.

Nach einigen Monaten der Übung kann für das Sonnengebet ein Mantra, ein Wortlaut mit innerer Bedeutung, dazugenommen werden. Der Inhalt dieses Mantras führt zu tieferer Bewußtheit, zu Hingabe aus dem Innersten und damit zu einer besseren Loslösung der Seele vom Körper. Für diese fortgeschrittene Praxis aber sollten Sie das Sonnengebet schon sicher beherrschen. Ein Mantra hat nichts mit dem Körper oder der Materie zu tun. Mantras sind Silben, Worte oder ganze Verse, die nur durch die Seele selbst verstanden werden können.

In der klassischen Yoga-Übungspraxis gibt es 12 Sanskrit-Mantras, die einen Aspekt der Hingabe beschreiben. Für die Übungspraxis hier in westlichen Ländern müssen viele Inhalte verändert angewandt werden, um das Seelenleben auf die notwendige Tiefe einzustimmen. Das Mantra in deutscher Sprache ist vom Charakter anfangs schwer verständlich. Vom Übenden erfordert der Textlaut eine tiefe Erkenntnis, die aus den inneren Schichten des Empfindungslebens entsteht.

Dem Mantra habe ich folgenden Text gegeben:
Aus dem Mutterboden wächst das Selbst (1)
in sprießender Energie (2)
wie ein Knabe (3)
zum Schüler wird (4)
den das Lernen (5)
zum Bitten führt (6)
wachend (7)
zur großen Prüfung (8)
treue Ergebenheit (9)
im Dienst (10)
führt den Jüngling (11)
zum Vater (12)

Dieses Mantra wird zuerst auswendig gelernt. Die Wiederholung der Worte während der Ausführung des Sonnengebets führt zu einem feineren und doch intensiven Bewegungsansatz. Die Bewegung wird durch die Worte rhythmisiert und in der Intensität freier erlebt. Rhythmus entsteht durch inneres Verstehen, was gleichzeitig ein Erwachen des Bewußtseins bedeutet. Wird die Bedeutung von Rhythmus aus der Seele und geistigen Dimension erlebt, so lösen sich alle Zwänge und die Bewegungen beginnen leicht zu fließen. Rhythmus schenkt eine stetige Kraft und Steigerung der Dynamik.

Die Übungsreihe

Die Reihenfolge im Aufbau der Asanas ist der »Rishikesh-Reihe«, die von den Sivananda-Yoga-Zentren gelehrt wird, ziemlich ähnlich. Ihre wahre Bedeutung gewinnen die Stellungen aber erst durch ihren Inhalt. Beachten Sie deshalb die Beschreibungen zu den einzelnen Asanas genau.

1. *Entspannungslage* − Shavasana
2. *Sonnengebet* − Surya Namaskar
3. *Lotussitzhaltung* − Padmasana
4. *Kopfstand* − Sirshasana
5. *Schulterstand* − Sarvangasana
6. *Pflug* − Halasana
7. *Fisch* − Matsyasana
8. *Kopf-Knie-Stellung* − Paschimothanasana
9. *Schiefe Ebene* − Parvotasana
10. *Halbmond* − Anjaneyasana
11. *Heuschrecke* − Shalabasana
12. *Drehung* − Nakrasana
13. *Baum* − Tadasana
14. *Dreieck* − Trikonasana
15. *Entspannung* − Shavasana

Jede Asana bewirkt ein individuelles Erleben und führt durch die erwachende Bewußtseinsweite zur Loslösung der Seele vom Körperbewußtsein. Wiederholen Sie immer wieder diese Grundstellungen, damit Sie sich auf die unterschiedlichen Bewegungsdimensionen allmählich einstellen und auch den Körper mit Bändern, Gelenken und Muskulatur stärken. Nach einigen Wochen der Übung können Sie weitere Stellungen hinzunehmen und auch variieren. Behalten Sie aber dieses Schema der Grundreihe bei.

Manche Asanas passen durch die Spannungsverteilung und das damit verbundene energetische Strömen gut zueinander, andere Kombinationen widersprechen sich. Üben Sie also die Asanas keinesfalls leichtfertig durcheinander. Achten Sie während der Zwischenentspannungen auf die feinen Empfindungsunterschiede.

Wenn Sie aus Zeitmangel Asanas aus der Grundreihe auslassen, sollten Sie bei den verbleibenden die Reihenfolge beibehalten. Verzichten Sie möglichst nicht auf *Schulterstand, Kopf-Knie-Stellung, Schiefe Ebene, Heuschrecke* und *Dreieck.*

In den ersten Wochen empfiehlt es sich, auf *Kopfstand* und *Lotus* zu verzichten. Jene Asanas, die Ihnen Schwierigkeiten bereiten, können zwei oder dreimal hintereinander ausgeführt werden. Es wird einige Zeit notwendig sein, bis sich die einzelnen Stellungen dem Idealbild annähern.

Fällt die Sitzhaltung im *halben Lotus* bereits leicht, können Sie nach und nach den *ganzen Lotus* üben.

Die *Liegende Drehung* ist leichter als der *Drehsitz.* Wechseln Sie in ihrer Übungspraxis zwischen liegender Drehung und Drehsitz ab.

Nach einigen wenigen Wochen spüren Sie die wachsende Beweglichkeit (Aufgerichtetheit) im Rücken. Der *Halbmond* kann gut durch das *Kamel* ersetzt werden. Es ist ihm ähnlich, aber schon anspruchsvoller.

Anstelle des *Fisches* läßt sich als eine sehr kraftvolle Asana das *Rad* ausführen.

In Charakter und Erleben ist die *Zehenspitzenstellung* dem *Baum* sehr ähnlich. Diese beiden Gleichgewichtsstellungen kann man wechselweise ausführen. Dadurch entdecken Sie die feinen Unterschiede in diesen ruhigen Asanas und spüren gleichzeitig ihre innere Verwandtschaft.

Das *Stehende Dreieck,* bildet in der Reihenfolge den Abschluß. Diese Stellung öffnet die Flanken, zentriert und vermittelt ein Erleben der Ordnung innerhalb der polaren Gegensätze. Wenn Sie sich in den Grundstellungen sicher fühlen, so kann am Ende der Reihe, nach dem *Dreieck,* noch für eine kurze Haltezeit der *Pflug* praktiziert werden. In diesem Fall lassen Sie den *Pflug* nach dem *Schulterstand* aus. Auf die angenehme Weite und befreiende Tendenz des *Dreiecks* hin wird der Körper noch einmal wie ein Gefäß dem kosmischen Strom des Atems hingegeben.

Das *sorglose Gesicht,* wirkt ähnlich wie der *Drehsitz.* Es läßt sich also gut an den *Drehsitz* anschließen.

Die *Kobra* ist eine schwierige und anspruchsvolle rückwärtsbeugende Asana. Sie sensibilisiert die Wahrnehmung und gibt bei richtiger Ausführung ein intensives Empfinden der Hingabe und Offenheit. Deshalb muß sie innerhalb der Reihenfolge sorgfältig vorbereitet werden. Halten Sie die *Schiefe Ebene* möglichst lange und geben Sie sich anschließend der Offenheit des *Halbmondes* hin. Die *Kobra* fügt sich nach dem *Halbmond* am besten ein. Durch die vorbereitende Aktivierung der Wirbelsäule und das bewußte Hingeben an die Dehnung, kann nun die Wirbelsäule leicht vergessen werden. Die *Kobra* fällt leichter, wenn ein Empfinden des Gleichmuts gegenüber dem Körper durch ein schöpferisch-inspiratives Bewußtsein frei wird.

Der *Bogen* ist eine wichtige Grundstellung für Fortgeschrittene. Er vereint die Durchwölbung der unteren mit der oberen Wirbelsäule. Sinnvolle Kombinationen, die das Seelenleben durch das harmonische Zusammenwirken auf Weite und Loslösung hinführen, entstehen mit dem *Liegenden Dreieck.*

Nach der *Heuschrecke* kann das *Liegende Dreieck* und unmittelbar darauf der *Bogen* folgen. Von sehr weit Fortgeschrittenen kann der *Bogen* auch nach der Ausführung von *Drehsitz,* sorglosem *Gesicht* und *Baum* also direkt vor dem *Dreieck* erfolgen.

Das *Liegende Dreieck* bewirkt lebendige Impulse und ein Weitwerden der Atmung. Wird in der Reihenfolge die anspruchsvolle balancierende *Kopf-Knie-Stellung* praktiziert, so empfiehlt sich das *Liegende Dreieck* als vorbereitende Asana.

Üben Sie wiederholt die gleichen Stellungen. Weichen Sie den anfangs oft unangenehmen Anforderungen der verschiedenen Bewegungsrichtungen nicht aus. Praktizieren Sie zuerst die vorwärts-, dann die rückwärtsbeugenden Grundstellungen. Dieser Aufbau trägt zur Steigerung der Erlebensfähigkeit der Seele bei.

Eine der schönsten Asanas ist die *Umgekehrte Kopf-Knie-Stellung.* Diese Asana ist nur für Fortgeschrittene geeignet, also für jene, die die *Kopf-Knie-Stellung* schon gut beherrschen.

Halten Sie zuerst als Vorbereitung die weite Streckung nach vorne in der *Kopf-Knie-Stellung*. Verweilen Sie lange in der statischen Phase, damit sich die Wirbelsäule im Nachhinein ohne Zwang in die Drehung winden kann. Die *Umgekehrte Kopf-Knie-Stellung* beinhaltet eine hohe Dimension des Erlebens.

Wenn Sie die *Umgekehrte Kopf-Knie-Stellung* nach beiden Seiten ausgeführt haben, kann die Reihe mit der *Schiefen Ebene,* dem *Halbmond* oder der *Heuschrecke* beendet oder fortgesetzt werden.

Die Zeitdauer einer Übungsreihe können Sie selber durch verschiedene Kombinationen oder durch Variationen der Grundstellungen verlängern bzw. durch Weglassen von Stellungen verkürzen. Nehmen Sie sich bewußt immer wieder einmal längere Haltezeiten vor. Das Halten der Grundstellungen bereitet auf die schwierigen Asanas am besten vor.

Üben Sie konsequent, wiederholen Sie die Asanas regelmäßig mit unkomplizierter Begeisterung und freudig-liebevoller Hingabe. Aus dem Verborgenen der Seele wachsen durch die wiederholte Hinwendung stille Kräfte der Stärke und des Verstehens.

Weitere Titel aus unserem Programm

Heinz Grill

Harmonie im Atmen

Vertiefung des Yoga-Übungsweges

132 Seiten mit Abbildungen und einem Faltblatt zum Herausnehmen

Das Buch trägt zur Vertiefung der Atemarbeit bei und führt den Leser in die seelisch-geistigen Zusammenhänge des Lebens ein. Es ist in zwei Bereiche gegliedert — einmal die sogenannte Freie Atemschulung, bei der eine Reihe von verschiedenen Körperübungen beschrieben werden, um die Atmung im lebendigen Zusammenhang und Geschehen mit dem Leben zu erfahren. Die Übungen werden in ihrem tieferen Sinn erklärt. Der andere Teil beschreibt Übungen der bewußten Atemführung, die sogenannten Pranayamaübungen. Hintergründe und Möglichkeiten, aber auch Gefahren, die mit diesen Übungen verbunden sind, werden neben der Technik und Ausführung eingehend erläutert.

HEINRICH HUGENDUBEL VERLAG

Dhirananda

Yogamrita – Die Essenz des Yoga

249 Seiten mit zahlreichen Abbildungen

Yoga als Realisation der Einheit von Körper, Geist und Seele. Eine zeitgemäße, auf der persönlichen Erfahrung des Autors beruhende Interpretation des Yoga sowie ein praktischer Leitfaden zur Übung verschiedener wichtiger Yogatechniken. Asanas, Mudras, Reinigungs-, Atem-, Konzentrations- und Meditationsübungen werden detailliert beschrieben. Außerdem umfaßt dieses Buch eine Einführung in die Ernährungslehre und eine Beschreibung verschiedener Krankheiten und ihre Behandlung durch Yogatherapie.

HEINRICH HUGENDUBEL VERLAG

Paramhans Swami Maheshwarananda

Yoga mit Kindern

221 Seiten mit zahlreichen Abbildungen

Yogaübungen zeigen einen idealen Weg, vom frühen Kindesalter an sämtliche Muskelgruppen harmonisch zu betätigen und dadurch einen außerordentlich günstigen Einfluß auf die Entwicklung aller Organe zu nehmen. Eltern und Yoga-Lehrer erhalten mit diesem Buch das notwendige theoretische Rüstzeug für Aufbau und Schwerpunkte der Übungen gemäß der geistigen und körperlichen Entwicklung des Kindes in den verschiedenen Altersgruppen. Die Übungen sind so aufgebaut, daß sie die Entwicklung des kindlichen Organismus in physischer und psychischer Hinsicht auf harmonische Weise unterstützen. Die kindgerechte Gestaltung der Übungen — insbesondere die für Vorschulkinder — läßt die Kinder spielerisch mit Yoga vertraut werden.

HEINRICH HUGENDUBEL VERLAG